MIND F**KED

OTHER BOOKS BY THE AUTHOR

Why Not Me? A Feeling of Millions

From the bestselling author of WHY NOT ME?

(HINGLISH EDITION)

MIND F**KED

When It's 4 a.m. And You Can't Stop Overthinking

ANUBHAV AGRAWAL

HarperCollins *Publishers* India

First published in India by HarperCollins *Publishers* 2022
4th Floor, Tower A, Building No. 10, Phase II, DLF Cyber City,
Gurugram, Haryana –122002
www.harpercollins.co.in

4 6 8 10 9 7 5

P-ISBN: 978-93-5629-111-9
E-ISBN: 978-93-5629-117-1

Typeset in 11.5/15.7 Minion Pro at
Manipal Technologies Limited, Manipal

Printed and bound at
Thomson Press (India) Ltd

Contents

Introduction: Overthinking Kya Hai?

Subah ke 4 baj gaye, lekin yeh dimaag hai ki sochna band hi nahi kar raha hai. Jab dekho har waqt kuch na kuch sochta rehta hai. Khud ke baare mein sochna, kisi aur ke baare mein sochna, kisi cheez ke baare mein sochna, kisi jagah ke baare mein sochna, kuch hone wala hai toh uske baare mein sochna, ya kuch beet gaya hai toh uske baare mein sochna. Kabhi apni kamzoriyon ke baare mein sochna toh kabhi khud kuch banne ke baare mein sochna. Na jaane kitni aisi cheezein hoti hain jo aaye din humare dimaag mein chal rahi hoti hain.

Humara har cheez ke liye thoda bahut sochna toh thik hai, ek bahut normal si baat hai, lekin jab hum kisi cheez ke baare mein zaroorat se zyada sochna shuru kar dete hain, dikkat wahan se shuru hoti hai. Kyunki jab bhi hum kisi cheez ke baare mein overthinking kar rahe hote hain toh humari zindagi ka ek bahut aham hissa ek jagah par ruk jaata hai, aur bahut koshishein karne ke baad bhi hum us cheez ko, us overthinking ko rok nahi paate. Isi tarah se humara mindf**k ho jaata hai.

Mann ka ghabrana, sar mein dard ho jana, dil ki dhadkanein tez ho jaana, kisi cheez ko lekar tension lena, yeh sab tab hi hota hai jab hum overthinking kar rahe hote hain kisi cheez ke baare mein.

Sochte sochte hum kayi baar ek aisi jagah par chale jaate hain, jahan hum kabhi jana nahi chahte. Soch par kaabu paana, apne khayalo ko kaabu mein karna, ya overthinking karne se khud ko rokna, sach kahun toh na hi bahut zyada mushkil hota hai aur na hi asaan. Bas ek sahi guidance ki zaroorat hoti hai, kuch practices karni padti hain, jissey hum kaafi hadd tak overthinking ko rok sakte hain.

Thinking aur overthinking mein ek baal barabar fark hai, lekin woh fark hi pareshaani ki jad hai. Kyunki jab tak hum normally kuch soch rahe hain, tab tak sab sahi hai, koi pareshani nahi, bilkul tension-free rehte hain hum. Lekin jahan humne usi cheez ya kisi bhi cheez ko lekar zarurat se zyada sochna shuru kar diya, wahan se humari pareshaaniya badhni shuru ho jaati hain, aur ek bahut lambe arse tak chalti chali jaati hain.

Overthinking hum tabhi karte hain jab humein kisi cheez ki bahut fikar hoti hai, hum us cheez ke liye bahut serious hote hain, bhale hi woh kisi bhi wajah se ho, woh kisi bhi baare mein ho.

Par kabhi kabhi hum overthinking bewajah hi karne lagte hain, na koi baat na kuch masla, kisi bhi choti baat ko hum apne dimaag mein bahut bada bana lete hain aur us baare mein soch-soch ke hum itna pareshan ho jaate hain ki humein khud bura lagne lagta hai ki hum aise bewajah kyun soche ja rahe hain us baare mein.

Aksar hum overthinking un cheezon ke baare mein zyada karte hain jo exist bhi nahi karti, woh hum sirf dimaag mein bana lete hain. Asliyat mein woh ya toh hoti nahi hain, ya agar hoti bhi hain toh unke hone ki possibility bahut kam hoti hai. Hum apne dimag mein kisi cheez ko sochna shuru karte hain aur layers pe layers banate chale jaate hain, jissey ye process rukti nahi aur aakhir mein hum khud ko ek aisi situation mein paate hain jahan humein samajh bhi nahi aata ki hum pahuche kaise yaha tak, kyun pahuche, aur phir hum ussey bahar nikalna chahte hain.

Hum chahte nahi hain overthinking karna, par hum apne mann ko apne kabu mein nahi kar paate. Ek taraf hum pure mann se chah rahe hote hain ki hum us baare mein na sochein, toh doosri taraf hum us baare mein sochna chhod hi nahi paate. Aisa lagta hai jaise kuch negative thoughts humein jakad hi lete hain, aur chhodne ka naam hi nahi lete. Kuch baatein dimaag mein is kadar baithti hain ki uthte, baithte, sote, jaagte woh baatein hi chalti rehti hain.

Yeh overthinking agar ek hadd mein ho tab bhi ganeemat hai, lekin jab is overthinking ki hadein paar hone lagein toh humari mental health ke liye bahut zyada harmful ho jaata hai.

Overthinking karna sirf humari mental health ko affect nahi karta, balki humare mood ko bhi kharab karta hai, humare rishton mein bhi pareshaniya aane lagti hain, humari padhai-likhai mein bhi pareshani aane lagti hai, aur humari professional life mein bhi bahut zyada dikkatein aane lagti hain. Wajah? Wajah bas ek hi hai ki, overthinking karne ki wajah se humara mindf**k ho jaata hai aur hum apna focus kho dete hain.

Jab humein jahan pe dhyaan lagane ki zarurat hoti hai, hum wahan dhyaan laga nahi paate, aur uske alawa humare dimaag mein jo cheez chal rahi hoti hai, jisko leke hum overthinking kar rahe hote hain, humara saara dhyaan usi par rehta hai. Aur ye lack of presence humari pareshaniyo ko kam kabhi nahi karta, sirf or sirf badhata hai.

Jahan humara dhyaan hatna shuru hua, hum aage badhne ki jagah peeche hone lagte hain, ya agar peeche nahi bhi hue, tab bhi hum bas theher jaate hain. Waqt ke saath saath aage badhna bahut zaroori hota hai, yahi duniya ki reet hai. Agar iske khilaaf jaane ki koshish bhi karte hain toh hum har cheez mein fail hone lagte hain, zindagi ke har exam mein hum fail hone lagte hain, jo ki bilkul bhi theek nahi hai.

Jab bhi aapko aisa mehsoos ho ki aap overthinking kar rahe hain kisi bhi baare mein, toh aap sab se pehle apne mann ko shaant karo. Apne mann ko shaant karne ke liye aap yeh sab kar sakte hain:

- ***Apna dhyaan hatao, aur kahin aur lagao:*** Main janta hoon thoda mushkil hota hai, par shuruwaat toh kar hi sakte hain na. Kisi bhi cheez mein apna dhyaan lagane ki koshish karo. Kuch kar lo, jis cheez mein aap achhe ho, maahir ho, woh kar lo, koi bhi kaam jo pasand ho. Agar aap ek artist ho, jaise ki musician, painter, writer/poet, ya koi bhi art jo aapko pasand hai, usko kar ke aap apne mind ko distract kar sakte ho.

- ***Music suno:*** Koi bhi music jo thoda peaceful ho, woh suno. Music humare mann ko bahut zyada shaant karta hai aur humari problems se humein distract karne mein bhi help karta hai. Achcha relaxing music sun kar aksar insaan apni pareshaniyo ko kuch der tak bhool jaata hai, aur kho jaata hai. Aisa music Internet par available hai. Main khud apne mann ko shaant karne ke liye slow relaxation music sunta hoon, aap bhi try karna. Agar aap online 'calm music' search karo, aapko kaafi achche options mil jayenge.

- ***Apne andar ki baaton ko bahar nikalo:*** Agar aap kisi bhi cheez ko lekar overthinking kar rahe ho toh aap kisi se share bhi kar sakte ho—koi dost, partner, ya family mein koi jisse aapki achchi banti hai. Agar aapki life mein koi bhi nahi hai, aap khud ko akela mehsoos karte ho toh aap kahin par likh kar—jaise ki blog wagarah—aap apne dil ki saari baatein express kar sakte ho.

- ***Zabardasti karne ki koshish mat karo:*** Aksar log apne saath zabardasti karne ki koshish karte hain, khud ko sochne se rokne ke liye bahut zyada zor dete hain apne dimaag par. Aisa karne se aapki overthinking rukti nahi balki aur bhi zyada trigger ho jaati hai. Ek lambi, gehri saans lekar apne mann ko shaant karo aur positive sochne ki koshish karo.

- ***Positive side ki taraf dhyan do:*** Duniya mein har cheez ke do pehlu hote hain, ek positive aur ek negative, tum negative toh apne aap sochte ho lekin positive sochne ke liye tumhein apne aapko wajah deni padti hai ki. Iss cheez ki doosri side bhi toh ho sakti hai. Ek situation ko positive side se dekhoge, khud ko samjhaoge toh apne aap overthinking kam ho jayegi.

Jab bhi koi chota bachha ro raha ho toh usey shaant karne ke liye aapko usey behlana padta hai, uska dhyaan kisi aur taraf le jana padta hai. Usi tarah jab aapko khud ko distract karna ho, toh apne aapko samjhana chahiye, doosri cheezon ko shuru karna chahiye, jis cheez mein interest ho woh karna shuru karo, aisi cheez karo jis mein aapka dimaag kharch ho, jis mein aapko us particular cheez ke baare mein sochna pade.

Agar aapko lagta hai ki aapke zyada sochne se koi cheez rukegi nahi, toh aapko khud ko samjhana padega ki zyada sochne se kuch fark nahi padega, har cheez humare bas mein nahi hoti. Jo hone wali ho, aur jo ho chuki ho, usey hum badal nahi sakte, jo ho rahi ho, kayi baar hum usey bhi badal nahi paatey. Lekin agar aapko lagta hai ki kisi hoti hui cheez ko aap badal sakte ho, toh sirf usey badlo.

Agar aapko lagta hai ki, aaj kuch aisa karne se kal ki cheez badli ja sakti hai, toh tension-free ho kar woh cheez karo. Agar dimaag mein tension le kar koi cheez karogey toh us cheez mein apna 100 per cent nahi de paogey, aur agar 100 per cent bhi nahi diya, toh kya fayda hua us cheez ko karne ka?

Kayi baar kuch cheezein humare bas mein nahi hoti toh jo bas mein nahi uske baare mein sochne se kya woh cheez badal jayegi? Nahi, woh cheez ayegi aur uska samna karna padega aap ko. Jo cheez badal nahi sakte uske baare mein na soch ke apne aapko itni himmat do ki, kam se kam uska samna kar sako, us cheez ko jitna ho sake utna behtar tareeke se guzarne do.

Aur jo badli ja sakti hai, us cheez ke liye apni puri tayari kar lo, achche aur sachche mann se tayari kar lo taaki koi pachhtava na reh jaye ki, *'Kaash waqt rehte kar li hoti achche se tayari.'*

Dekho, kismat mein koi cheez apne aap nahi aati, aur jo aati hai, woh baar baar nahi aati. Kisi cheez ko paane ki tamanna rakhte ho toh, mehnat karni padegi, aur mehnat se payi hui cheezon ki ahmiyat hum bahut achche se samajhte hain, kabhi unhein waste nahi hone dete.

Agar kisi choti cheez ko dimaag mein bada bana rahe ho toh ek baat samjho, kharch toh apna hi dimaag ho raha hai na, dard toh apne hi sar mein ho raha hai. Practice karni padti hai apne aapko samjha-samjha kar ki zyada sochna nahi hai, zyada pareshan nahi hona hai choti-moti baaton ko lekar. Agar ye sochte ho ki raaton-raat apne mann ko control kar loge, toh aisa possible nahi hai. Waqt lagta hai kisi bhi cheez ko aadat banne mein.

Overthinking hum har cheez mein karte hain, humari rozmarra ki zindagi mein hum har cheez mein overthinking karte hain, chahe woh humari personal life se related ho, family se related ho, relationship se related ho, friendship se related ho, career se related ho, past se related ho ya future se related ho.

Hum aage inhi sab cheezon ke baare mein baat karenge aur jitna zyada ho sake utna zyada cover karne ki koshish karenge taaki har shaqs ki har problem ka solution mil sake aur woh seekh sake ki, kaise overthinking ko control karna hai, aur kaise apne aapko khush rakhna hai.

CHAPTER 1

Personal Life Mein Overthinking

Humari roz marra ki zindagi mein hum kitna zyada sochte hain. Kuch logon ki aadat itni zyada ho jaati hai overthink karne ki ke woh subah uthte hi, aankh khulte hi, kuch na kuch sochna shuru kar dete hain aur pareshan hone lagte hain. Jo unke saath subah subah hota hai, uske baare mein sara din sochte rehte hain.

Issey koi fark nahi padta ki aap kaise shaqs hain—aap bahut zyada overthinking karne wale hain ya thodi bahut karne wale. Aap kitna bhi sochein, lekin agar aap zaroorat se zyada soch rahe hain toh woh aapki mental health ke liye theek nahi hai.

Waise toh har insaan sochta hi hai, par kabhi kabhi zindagi mein kuch log ek cheez ko lekar kaafi zyada sochne lagte hain, aur itna hi nahi, ek bahut lambe arse se usi cheez ke baare mein sochte aa rahe hote hain.

Kuch aisi insecurities hoti hain logon ko, jo unki progress ko slow kar deti hain, unka confidence kam kar deti hain. Unki khushiya kam ho jaati hain, woh khul ke zindagi jee nahi paate. Aisi kuch insecurities ke baare mein baat karenge aur samjhenge ki aisi insecurities ko kaise kam kiya ja sakta hai, kaise unke baare mein overthinking karne se khud ko roka ja sakta hai.

Har insaan mein koi na koi kami hoti hai. Koi bhi shaqs perfect paida nahi hota. Kuch kamiya humein pata chal jaati hain toh kuch pata nahi chal pati. Kuch humein kabhi-kabhi pareshan karti hain, toh kuch har din humare saath rehti hain aur humein unki wajah se kayi baar sharminda hona padta hai. Jo confidence ki kami hai, usi ki wajah se hum sharminda hote hain.

Jis din hum apni kamiyon ko accept kar lenge ya unhein apni taakat bana lenge, us din se humare dil ka ek bahut bhari bojh hat jayega, hamesha ke liye.

Apne Looks Ko Lekar Insecure Hona

Kuch logon ki aadat hoti hai ki jab bhi apne aap ko aaine mein dekhte hain, apne chehre ko dekhte hain, toh unhein aisa mehsoos hota hai jaise woh kitne badsurat hain, ya zyada sundar nahi hain, jaise bhagwan ne unke saath zyadti ki hai unhein baakiyo se dikhne mein behtar na banake. Kisi ke chehre par pimples hote hain toh woh unhein lekar pareshan rehte hain. Kisi ka rang saawla hota hai toh woh usey lekar koste hain bhagwaan ko. Koi patla hai toh woh pareshan hai; kisi ka weight bahut zyada hai toh woh usey lekar pareshan hai.

Apne looks ko kisi aur ke saath compare karna ek bahut aam dikkat hai. Chahe woh ladka ho ya ladki, har shaqs ke mann mein ye sawaal aata hi hai ki kaash wo aur bhi zyada sundar hota. Kisi ka chehra theek hota hai toh usey lagta hai ki uske baal theek nahi hai; kisi ko lagta hai unki naak tedhi hai to kisi ko lagta hai unki aankhen choti hain.

Kisi ko apni height ko lekar pareshani hoti hai—koi thoda zyada lamba hai toh woh sharminda hota hai, toh koi choti height ka hai toh wo bhi bahut sharmindagi mehsoos karta hai. Aur dikkat sirf logon ki nahi hai, society bhi aise logon ko alag-alag naamon se chidhati hai, toh woh apne aap sharminda ho jaate hain.

Kisi ko apne body parts ke size ko leke kahin na kahin sharmindagi mehsoos hoti hai, aur unka confidence low ho jaata hai. Har koi yeh sochta hai ki kaash main perfect hota, kaash mere looks mein kisi cheez ki koi kami nahi hoti.

Agar aapko yeh sab mehsoos hota hai toh fikar karne ki zarurat nahi hai. Bhagwan ka banaya hua koi bhi insaan badsurat nahi hota. Har insaan khubsurat hota hai, aur kisi ki bhi khubsurti uske chehre ya shareer ki banawat se nahi batayi ja sakti. Log khubsurat hote hain apne mann se, apni achchi aadaton se, apni soch se, apne achche bartaav se, apne nature se aur apni baaton se.

Agar kisi cheez ki kami hogi aap mein toh woh yahi cheezein hongi, aur agar aapko lagta hai ki aap mein ye saari qualities hain, toh aap apne aap mein hi sabse zyada khubsurat insaan hain.

Shareer ki banawat ko dekh ke agar aapko koi judge kar raha hai, koi aap se door ja raha hai, koi aapko badsurat keh raha hai, toh badsurat aap nahi badsurat us insaan ki soch hai, uska nazariya hai. Usey sahi insaan ki parakh hi nahi hai.

Aise log jo doosron ko badsurat kehte hain ya mehsoos karate hain, zarurat unhein hai apni soch par kaam karne ki. Aap apni jagah sahi hain. Kabhi apne aap ko badsurat mat samajhna, bhale hi aapko koi khubsurat mehsus karaye ya na karaye, par aapko khud yeh yakeen hona hai ki aap khubsurat ho.

Doosron ka intezaar mat kariye ki jab woh aake aapki taareefein karenge tab aap kuch mehsoos karenge. Yeh baat yaad rakhiyega ki doosron ki taareefon se aapki khubsurti nahi batayi ja sakti, doosre apni baaton se palat jaate hain jab bhi unka mann bhar jaata hai, ya ek time ke baad unka opinion change ho sakta hai, par aapka khud dilaya hua yakeen kabhi nahi tootega.

Agar aapko lagta hai ki aapka weight zyada hai aur aapko sab bhadde naam se chidate hain, aapko samaaj mein neecha dikhane ki koshish karte hain, tab bhi aapko doosron ki baaton ko mind nahi karna hai. Yeh duniya aise logon se bhari hui hai jo doosron ko neecha dikhane ki koshish karte hain, unki body ka mazaak banate hain, unke baare mein cheap baatein karte hain. Aapko unki baaton par dhyaan nahi dena hai, aise log jo aapko motivate na kar ke demotivate karte hain, jo log aapko aage badhane ki jagah peeche dhakelte hain, aapko un logon ke na aas paas rehna hai, na hi unse kisi bhi tarah ka connection banana hai, aur na hi koi rishta rakhna hai. Un logon ki kharab soch se aapka confidence lose ho raha hai, aur kuch nahi.

Apni banawat se pyaar karo, chahe jaisi marzi ho, woh aap hi ho, aur agar aapko lagta hai ki aapko issey better shape mein lana hai khud ko toh zaroor lao, lekin doosron ke liye nahi, sirf aur sirf apne liye. Jo log doosron ko khush karne ke liye cheezein karte hain, woh aksar nirash ho hi jaate hain jab unhein doosron se burai milti hai.

Ek baat yaad rakhna—jo log khud se pyaar karna shuru kar dete hain ek baar, unke baare mein duniya kitna hi bakwas baatein kyun na kar le, un baaton ko wo kabhi apne dil pe lagne nahi dete, aur na hi kabhi apne aap se nafrat karna shuru karte hain. Chahe weight lose karna ho ya gain, jo karna hai apne liye karo, aakhir mein woh cheez aapko satisfy karna chahiye, na ki kisi aur ko.

Baat Karne Mein Confidence Ki Kami

Kya aap ek aise shaqs hai jiske andar logon se baat karne ka confidence nahi hai? Aap jab bhi kisi se baat karne ke baare mein sochte ho, aankhon mein aankhein daal ke, ya aapko kisi se baat karni padh jaaye, toh aap ghabra jaate ho, aapko samajh nahi aata ki aap kya karenge, kaise unka saamna karengen, unse baat karenge? *Agar samne wale shaqs ko bura laga toh? Agar samne wale shaqs ko main pasand nahi aaya toh? Woh mann hi mann mujhe bewakoof samajhne laga toh?* Kya aapke mann mein aise hazaar sawaal chalne lagte hain?

Dekho, zindagi mein koi bhi darr ho, woh darr chahe logon se confidently baat na kar paane ka ho, oonchai (heights) ka ho, paani ka ho, public speaking ka ho, stage ka ho ya kuch bhi ho, woh nikalta tab hi hai jab aap us darr ka samna karte ho.

Pehli koshish bhale hi itni shandaar na ho, lekin jab aap us cheez ki practice karte ho, toh ek din aisa zaroor aata hai jab aap us cheez mein maahir ho jaate ho, us darr ko apne dil se puri tarah nikaal dete ho. Aur jab aap peeche mud ke dekhte ho toh haste ho ki *Kaise hua karte the hum*? Jis cheez se darte the, aaj usey jeene lage ho, uske sang chalne lage ho.

Wo kahawat hai na English mein, *'Practice makes perfect'*–bas wahi, practice karne se har darr khatam ho jaata hai, aap aankhon mein aankhein daal ke baat bhi kar payenge, aur kisi tarah ki koi ghabrahat bhi nahi hogi.

Agar confidently bolne mein dikkat hoti hai, toh uska ek bemisaal tareeka yahi hai ki roz apne aapko aaine ke samne khada kar ke baat karo, kisi bhi baare mein, koi bhi ek topic apni pasand ka utha lo aur phir us par kuch bolo. Dekhna, dheere-dheere aap ke speaking skills improve ho jayenge.

Agar aapko kisi se baat karne mein confidence feel nahi hota, ghabrahat feel hoti hai ki kahin kuch galat na nikal jaaye, ya aap samne wale ki aankhon mein aankhein daal ke baat nahi kar paate ho, toh chinta ki koi baat nahi hai. Yeh kuch baatein hain jinhein achhe se samajh lo, aur dheere-

dheere implement karna shuru karo apni life mein. Aapko khud badlaav dikhega.

- Sabse pehli aur zaroori cheez yahi hoti hai ki aapko apni kamiyo ko accept karna hoga. Unse ladogey, darogey, pareshan ho jaogey, toh aapka confidence lose hoga. Isse behtar hai ki aap unhein accept karo. Apni kamiyo se bhago mat, unka saamna karo.
- Jab bhi kisi se baat karo, araam se baat karo, jaldbaazi mat karo ki achanak se jawaab dena hai, soch samajh ke araam-araam se baat karo, dhyaan se suno bhi samne wale ko, woh kya keh raha hai, kahin aisa na ho ki sirf aap hi bol rahe ho aur samne wale ko mauka hi nahi de rahe ho.
- Conversation ke dauran mann hi mann mein khud se baatein mat karo. Aksar jo log apne mann mein baatein kar rahe hote hain, woh kahin kho jaate hain, achhe se baat nahi kar paate, aur sun nahin paate samne wale ki baat. Bhatka hua dhyaan bhi humara confidence low karta hai.
- Yeh mat socho ki woh kya sochega aapke jawaab ke baare mein, ya aapke baare mein. Yeh khayaal bhi humare jawaab aur jawaab dene ke tareeke ko kaafi bigaad deta hai. Doosra kuch bhi soche, jo judgement dena chahta hai de, aapko apni baat kehni hai aur achhe se kehni hai.

- Apne mann mein kisi bhi baat ka darr mat rakho unse baat karte waqt, na hi kuch banawati baatein karo kisi bhi subject ya kisi ke baare mein. Jo hai sahi aur sach hai wo batao. Jhooth bolne wale log aur banawati baatein karne wale log aksar apni hi baaton mein ulajh jaate hain jab samne wala chaar sawaal kar leta hai unse.
- Baat karne ki practice karo. Kisi kareebi se, kisi apne se face-to-face baat kiya karo, aankhon mein dekh kar baat karne ki koshish karo, shuruwaat chahe toh ghar ke kisi member se karo. Koi bhi darr tab hi khatam hota hai jab wo kaam hum karna shuru karte hain. Jab bhi hum kabhi kabhi ya na ke barabar baat karte hain, toh humara confidence low ho jaata hai.

English Mein Baat Karne Mein Low Confidence

Kuch logon ko English mein confidently baat karne mein dikkat hoti hai. Kayi log us insaan se attract hote hain, usey samajhdar samajhte hain, jo English confidently bol paata hai. Society bhi usey hi padha-likha aur hoshiyaar samajhti hai jisey achchi English bolni aur likhni aati hai.

English bolne se pehle English seekhni zaroori hai. Ho sakta hai aapko achche se English aati hai, aap likh lete hain, par aap sirf bolne mein ghabrate hain. Hum mein se kayi log aise schools, societies mein pale-badhe hote hain jahan aapas mein English mein baat karne ka koi culture nahi hai, isi wajah se humein bade hone ke baad bhi dikkat hoti hai.

Isko theek karne ke liye wahi karna hai jo aap confidently bolne ke liye karte hain.

Apne aap se aaine mein baat kariye English mein, jitna zyada ho sake English books, blogs, articles, newspapers padhiye, aise logon ke saath baat kariye jo English mein hi baat karte hain, English movies dekhiye, English channels dekhiye TV par, English news suniye. Aajkal aise kayi apps bhi aa gayi hain jinse English-speaking improve kar sakte hain aap, aur kayi saare English-speaking courses bhi hote hain.

Apne aapko jitna is language se gher lenge, utna aap seekhenge, jitna seekhenge utna confidence badhega, jitna confidence badhega, utna achhe se English bol payenge, aur ek din aadat aisi pad jayegi ki aap English mein bhi aise baat karenge jaise aap Hindi mein baat karte hain.

Agar aap ke paas koi shaqs nahi hai jisse aap English mein interact kar sakte hain, toh aap kisi soft toy ka sahara le sakte hain. Aksar log apne favourite soft toys se baat karte hain kyunki woh unke saath comfortable feel karte hain.

Jinke saath aap comfortable ho, unke saath apne aap bolne ki himmat aa jaati hai. Ghar se niklo, thoda interact karo logon se, koshish karo ki jitni bhi baat ho English mein hi karo. Koi pehli baar mein hi bahut achchi English bolna shuru nahi kar deta, waqt lagta hai practice karte karte us jagah tak pahuchne mein jahan aap khud ko confidently English mein baat karta dekhte ho. Bahut galtiyan karte hain hum shuruwaat mein, par hum apni galtiyon se hi toh seekhte hain na.

Sach kahun toh main bhi ek samay mein English mein baat karne se ghabrata tha, mujhe lagta tha ki samne wala shaqs mera mazaak banayega, ya hasne lagega, ya beizzati karega. Par kabhi bolna band nahi kiya, jab bhi mauka milta tha main English mein baat karta tha, chahe woh school ho, ya college, office ho ya day-to-day life, main English mein baat karta tha jissey mera confidence badha aur aaj main bahut confidently baat kar leta hoon.

Har cheez mein waqt lagta hai, kuch seekhne mein bhi waqt lagta hai, kisi aadat ko banne mein bhi waqt lagta hai. Aapko khud ko woh waqt dena hoga us cheez mein dhalne ke liye, kuch naya seekhne ke liye. Patience rakh ke aap kaafi kuch haasil karne ke kaabil ho jaate ho, kyunki jisey jo mila hai, patience se mila hai. Mehnat toh sabhi karte hain, lekin patience sab nahi rakh paate aur give up kar dete hain, isliye patience rakhna bahut zaroori hai.

Log Humare Baare Mein Kya Sochte Hain?

Aksar hum overthinking is cheez par bhi karte hain ki log humare baare mein kya sochte hain, ya kya sochenge. Log humare baare mein kis tarah ke khayal rakhte hain, kaisi image hai humari unke mann mein, log humein pasand karenge ya nahi, log humse door kyun hote hain, log humein akela kyun chhod dete hain. 'Log' hai hi aisi cheez jisne humari zindagi aadhi se zyada abaad aur barbaad, dono kar rakhi hai.

Achcha-bhala insaan overthinking karne lagta hai logon ki kisi cheez ko lekar, chahe woh pasand ho, na pasand ho, ya kuch bhi. Sabse pehle to humein yeh baat samajh leni chahiye ki doosre logon ki apni zindagi hai aur aapki apni. Doosre logon ki alag soch hai aur aapki alag. Doosre logon ke alag khayal hain aur aapke alag.

Woh apne dimaag mein kuch bhi soch rahe hain, yeh unka kaam hai, unhein karne do. Aap mat socho ki woh kya sochte hain, aap mat socho ki aapki image kaisi hai. Jisko jo samajhna hoga woh samjhega, jise jo kehna hoga wo kahega, jise jo sochna hoga wo sochega, yahan har kisi ka apna nazariya hai sochne ka, cheezein karne ka aur zindagi jeene ka.

Ek achcha insaan humein neeche nahi girayega, agar hum gir bhi gaye honge, toh humein zaroor uthayega, aur yahan har koi itna achcha nahi. Agar koi aapke baare mein bakwas karta bhi hai toh usey karne do—aap kis-kis ko rokoge? Yahan har koi ek-doosre ko girane mein aur khud ko uthane mein laga hua hai.

Khud ko pasand karo, doosron ki pasand-napasand se khud ko mat badlo. Agar koi aisa insaan hai jo aapko sirf uthta dekhna chahta hai, aur aaj tak har cheez mein support karta aaya hai, aur agar woh aap mein koi kami aisi nikaal raha hai jisey aap improve kar sakte ho, jo aap ka confidence boost karne mein help kar raha hai ya karega, toh woh ek exception mana ja sakta hai. Warna agar koi random insaan aapko kuch bol gaya, ya aap ke baare mein kuch ulta-seedha bol gaya, toh kabhi uski baaton par mind mat karna aur bilkul bhi react mat karna.

Log yeh sab sirf doosre logon ka confidence girane ke liye karte hain, taaki unhein peeche karke khud aage nikal sakein, koi unki baraabari na kar paaye, koi unse jeet na paaye. Yeh sab social media platforms pe zyada dekha jaata hai, jahan agar koi insaan apni picture ya talent post kar raha hai toh, log aake usey criticize karte hain, uska mazaak udate hain, chaar buri baatein bolte hain jissey kitni baar toh log itna self-doubt aur depression mein chale jaate hain ki suicide jaise step hi le lete hain.

Doosre na aapki zindagi jee sakte hain, aur na hi aap ke halaaton ka saamna kar sakte hain, isliye kabhi bhi doosron ke is tarah ke comments par serious mat hona. Agar woh kuch kahein toh tum kuch kehna mat, bas muskura dena ya ignore hi kar dena.

Kisi ko nahi pata aap ne apni ab tak ki zindagi kaise jee hai, aapki soch kaisi hai, aap ke khayal kaise hain, aap ke sapne kaise hain, koi aapke baare mein itna nahi janta jitna aap khud jaante hain. Toh aapko kisi ki bhi baaton ka bura nahi maan na, anjaan insaan kuch bhi kare, humein in sab cheezon se koi fark nahi padna chahiye.

Agar koi apna bhi aap ke baare mein galat soch raha hai, toh sochne do. Uske paas dimaag hai upar wale ki blessings se, toh woh usko inhi sab cheezon mein waste kar raha hai, lekin aap ko yeh nahi karna hai. Aapko apna waqt nahi zaaya karna yeh sochne mein ki, log aap ke baare mein kya sochte hain.

Jitna kam affect hone dogey khud ko in sab cheezon se, utna achcha hoga aap ke liye. Bas ek mindset banane ki zaroorat hoti hai, jab yeh mindset ban jayega, toh sab kuch theek ho jayega. Yeh humara dimaag hi hota hai jo itna sochta rehta hai, jisme aise ajeeb-o-gareeb khayaal aate rehte hain.

Aap ko insey ladai nahi ladni hai, sirf inke jawaab dhundne hain. Har sawaal ka ek jawaab banana shuru kar do, har negative thought ke saath mein ek positive reply dena shuru kar do.

Dekhna, aapki soch bhi badal jayegi, aapka nazariya bhi badal jayega har cheez ko dekhne ka, har kaam ko karne ka. Ab overthinking karna band karo in sab cheezon ke baare mein aur ek gehri lambi saans lo, aur dheere dheere saans chhod kar saari negativity release kar do.

Beeti Hui Kisi Baat Ko Lekar Overthinking Karna

Kabhi kabhi past mein hum kuch aisi baatein chhod ke aa jaate hain, ya kuch aisa kar ke aage badh aate hain ki jab-jab hum peeche mudke dekhte hain, humein pachhtava hota hai. Agar humne kuch kiya tha toh hum khud ko koste hain, aur agar kisi aur ne kuch kiya tha toh bhi hum pachhtate hain ki aisa kyun hua? Kyunki, kabhi-kabhi life mein kuch aise incidents ho jaate hain jinka hum par bahut gehra asar padta hai aur kayi barson tak hum us cheez se bahar nahi nikal paatein hain.

Kabhi kisi ki kahin gayi koi baat, ya humne kisi ko kuch keh diya, ya phir humne kisi ke saath kuch galat kiya ya humare saath kisi ne kuch galat kiya. In sab baaton mein hum is tarah ulajhte hain ki jab-jab wo baat yaad aati hai, hum ek alag hi zone mein chale jaate hain aur ussey bahar nikalna bilkul namumkin sa lagne lagta hai.

Agar aap bhi beeti hui kisi baat ya kisi haadse ko bhula nahi pa rahe hain aur har roz koshish karte hain us cheez ko bhulane ki, toh meri kuch baatein dhyaan se sunna, samajhna, aur unhein amal karne ke liye khud ko waqt dena.

Dekho, sabse pehli cheez, ateet ek aisi jagah hai jahan kabhi jaaya nahi jaa sakta. Agar aapne kisi ke saath galat kiya hai aur aapne ussey abhi tak maafi nahi maangi, toh aap maafi maang sakte hain. Issey koi fark nahi padta ki woh shaqs aapke baare mein kya sochta hai, ya kya sochega, ya kitna samay beet chuka hai is baat ko, aap ussey maafi maang kar apne pachhtaave ko khatam kar sakte hain, aur aisa karne mein aapko zara si bhi hichkichahat nahi honi chahiye.

Himmat jutaiye aur kisi tarah unhein contact kar ke unse maafi maangiye, phir chahe reaction kaisa bhi ho unka, aapko matlab sirf maafi mangne tak rakhna hai, is baat ko zyada aage mat badhana. Aur yeh bhi ho sakta hai ki us insaan ko achha mehsus ho ki aapko apni galti ka ehsaas hua, bhale hi der se, par hua zaroor.

Agar situation aisi hai ki maafi maangne ke liye woh insaan hai nahi ab ya us tak aap pahuch nahi sakte, toh aapko apne aapko is cheez ke liye samjhana hoga ki beeti hui baaton ka bojh lekar hum humesha nahi chal sakte. Galtiyan har insaan se hoti hain, kaisi bhi galti ho sakti hai, buri, thodi buri, ya bahut buri.

Bas achchi baat yeh hai ki aapko ehsaas ho raha hai aapne galat kiya, aur aisi situations mein galat ko sahi karne ka tarika sirf itna hota hai ki aisi galat cheez aap dobara kabhi kisi ke saath na karein, aur maafi mangey bhagwan se uske liye jo bhi aapne kiya.

Logon tak pahuchne ka zariya bhagwan bhi hai, toh agar bhagwan se dil se maafi maangoge toh zaroor aapki maafi qabool hogi. Is baat ke baare mein ab itna mat socho, beeti hui baaton ko lekar mat chalo, apni galti ka ehsaas karo aur zindagi mein aage badho.

Agar aapko lagta hai ki aapki wajah se kisi ka nuksaan ho gaya ya kisi ko chot pahuch gayi, ho sakta hai haqeeqat mein aisa nahi hua tha. Aksar is tarah ki situations bhi aati hain logon ki zindagi mein jab unhein aisa lagta hai ki unki wajah se kuch galat ho gaya tha aur unhein pachhtawa hota rehta hai us cheez ka ki agar samay par us cheez ko hone se rok dete toh kuch galat nahi hota.

Yahan main bas ek choti si cheez samjhana chahta hoon aapko. Dekho, hum mein kisi ne bhi apna future nahi dekha hai, kisi ko nahi pata uska aane wala kal usko kya din dikhayega ya kya lekar aayega uske liye. Woh kitna achcha hoga aur kitna bura, kisi ko nahi pata, kab humari jaan jana likha hai aur kab humari zindagi mein kuch bahut khubsoorat hona likha hai, kuch bhi nahi pata.

Agar aise mein aapko lagta hai ki aapki wajah se kisi ke saath galat ho gaya hai, toh woh us shaqs ki qismat hai. Aap kabhi kisi cheez ko hone se nahi rok sakte. Jo nuksaan likha hai woh hoga, aur jo ruk jaata hai, uska rukna humare naseeb mein likha hota hai, isliye woh ruk bhi jaata hai. Aapko samajhna yeh zaroori hai ki aap apne upar ilzaam nahi le sakte aise kisi bhi haadse ka jo aapko lagta hai ki aapki wajah se galat ho gaya tha, aur haqeeqat mein cheezein aapke kaabu se bahar thi.

Jo hua, jiske saath hua, woh uski qismat mein tha, aur humara zor qismat par nahi chalta. Jo humare naseeb mein hai woh humari thaali mein parosa jayega, chahe humein achcha lage ya bura, sahi lage ya galat. Isliye, apne upar ilzaam lagana band karo aur is baat ko accept karo ki jo hua woh uski aur aapki qismat mein likha tha.

Main samajh sakta hoon ki woh haadsa aapke liye kaafi disturbing raha hai, lekin zindagi mein hum ek haadse ko lekar puri zindagi baithe nahi reh sakte, sirf usi ke baare mein nahi soch sakte, sirf usi ke aas paas nahi ghoom sakte.

Agar aapko aisa lagta hai ki aapse apne past mein kaafi galtiyan hui hain, jinka aapko aaj bhi pachhtawa hai, koi situation jo aap sambhal sakte the, par kisi wajah se nahi sambhal paye aur yeh blame aap aaj bhi khud ko karte hain, toh aisi situation mein bhi main ek hi cheez kahunga, pichli baaton ke pachhtave ka bojh lekar mat chalo, shayad tum nasamajh the us waqt, tum mein itni samajh nahi thi ki tum aisi situation ko handle kar sako.

Insaan apni galtiyon se hi seekhta hai. Agar galti hi nahi karoge toh seekhoge kaise? Pata kaise chalega ki kitna savdhaan rehna hai is cheez ke liye humein ab? Zaahir si baat hai, hum galtiyan karte hain aur phir seekhte hain, taaki woh galti hum dobara na kar sakein. Koi bhi perfect nahi hota is duniya mein, sab galtiyan karte hain aur unse seekhte hain.

Waqt lo accept karne ke liye, waqt lo issey aage badhne ke liye. Main samajhta hoon ki raaton-raat kuch nahi badal jaata, samay lagta hai, lekin ab tak aap is nazariye se shayad dekh hi nahi pa rahe the is situation ko. Aapke mann mein pachhtawa tha, aap ilzaam laga rahe the khud par, shayad isi wajah se aap aaj tak yahan fase rahe. Par ab aur nahi, ab aapko yahan se nikalna hai, kyunki sirf is baat se aap bahut si cheezon mein aage badh nahi pa rahe ho, grow nahi kar pa rahe ho, aur aapki personal, professional, har life mein dikkatein aa rahi hain.

Zyada overthinking mat karo in sab cheezon ko lekar, khaas taur se apne past se related kisi cheez ko lekar. Past toh beet gaya, jo bacha hai woh present hai aur phir future. Ab future ko achcha karne ke liye aapko apne present mein mehnat toh karni hi hogi, taaki aane wala kal khubsurat ho.

Sochna band nahi kiya ja sakta hai, lekin life mein kuch cheezon ko accept karte chalo toh un cheezon se dhyaan hatna bhi shuru ho jaata hai. Isliye accept karo us baat ko, us haadse ko, us situation ko, aur uski positive side bhi dekho. Dekhna, dheere dheere is cheez se bahar aa jaoge aur overthinking apne aap khatam ho jayegi.

Sexual Harassment ya Eveteasing

Bahut si ladkiyon ke saath bachpan se hi aisi cheezein ho rahi hoti hain jinka un par bahut gehra asar pad jaata hai. Main baat kar raha hoon sexual harassment ya eveteasing ki. Sexual harassment ka definition hai: 'Behaviour characterized by the making of unwelcome and inappropriate sexual remarks or physical advances in a workplace or other professional or social situation'. Yaani ki jab ek ladki ko koi shaqs kisi galat niyat se chhune ki koshish karta hai, ya uske saath chhed-chhad karne ki koshish karta hai, uske body parts ko touch karta hai bagair uski permission ke, uske baare mein publicly ganda bolta hai, koi comment pass kar deta hai.

Yeh sirf publicly nahi hota, yeh personally ek band kamre mein bhi ho sakta hai, ya internet par bhi ho sakta hai. Yeh kahin par bhi, aur kisi bhi ladki ke saath ho sakta hai. Sexual harassment aksar bahut gehra asar kar jaata hai ek ladki ke dil aur dimaag par, jiski wajah se woh overthinking karna shuru kar deti hai.

Bachpan se hi kayi ladkiyan sirf anjaan logon se hi nahi, balki kuch apnon se bhi in sab cheezon ko face karti hain, experience karti hain. Jaise ki kisi cousin ne uske saath harassment kiya ho, ya kisi relative ne uske saath bahut badtameezi ya sexual harassment kiya ho, jiska asar ek ladki ke upar saari umr bana rehta hai, woh kabhi bhul nahi paati hai woh sab cheezein.

Bachpan toh ek aisa phase hota hai jisme logon mein maturity nahi hoti, par kayi baar bachpan guzar jaane ke baad bhi bahut si ladkiyan yeh sab face karti hain apne family members se, apne relatives se, apne cousins se, apne colleagues se, apne friends se, ya phir kisi anjaan shaqs se.

Dekho, bachpan mein jo bhi hua, usey yaad rakh ke ya uske baare mein soch-soch ke pareshan hone se kuch haasil nahi hoga, kyunki bachpan mein wapas jaa kar kisi bhi cheez ko badla nahi ja sakta. Toh agar bachpan ke kisi incident ke baare mein soch-soch ke aap pareshan ho rahe hain toh apne aapko thoda samjhaiye. Main samajh sakta hoon ki aap unwanted touch kabhi bhulte nahi, par sach toh yeh hai ki aapko bhulna nahi hai kuch, aapko un beeti baaton ko accept karna hai aur apni zindagi mein aagey badhna hai.

Beeti baaton ka bojh lekar chalne se siwaye hum pareshan hone ke aur kuch nahi hote. Isliye beeti baaton se aage badho, zindagi mein ek nayi shuruwaat karo, pichle panno ko faad ke fek do aur ek naye panne se shuruwaat karo. Shuruwaat bhale hi der se ho, par hogi zaroor. Raftaar dheemi hone ka matlab yeh nahi hota ki aap aagey nahi badh rahe hain, aagey phir bhi badh rahe hain, bas thodi slow speed se.

Agar aapke saath bachpan mein nahi balki haal-filhaal mein kuch hua hai aur aap us cheez ko apne dimaag se nahi nikal pa rahi hain toh chinta karne ki koi baat nahi hai, main aapko zaroor madad karunga ki kaise aap us incident se apne aap ko bahar nikaal sakti hain.

Kyunki rooh kaanp jaane wali cheezein hoti hain yeh, kisi ka galat nigaah se dekhna, kisi ka galat niyat se humein chhu lena. Yeh sab jhelna aasaan nahi hota isliye ab jo main batane ja raha hoon usey dhyaan se samajhna aur puri shiddat se usey amal karne ki koshish karna, taaki jald se jald bahar aa sako is sab se.

Kisi se baat karo

Dekho, agar kisi ne aapke saath sexual harassment kiya hai, toh aap is baat ko apne mann mein mat rakho. Kisi na kisi se baat karo jis par aapko bharosa ho aur jissey lagta hai ki aap share karogey toh woh shaqs aapko judge nahi karega. Baat karna bahut zaroori hai, kyunki baat karne se aapke mann mein jitna bhi bojh hai, jitni aap overthinking kar rahe hain, woh sab aap bahar nikaal sakte hain.

Woh sab kuch kaho jo aapko afsos hai ki aap keh nahi paayi

Jo bhi hua us din, woh sab kuch explain karo kisi ko, kyunki yeh karna bahut zaroori hai. Ek yahi cheez hoti hai jo humare dimaag ko sabse zyada ashaant banati hai ki woh jo-jo hua, woh sab kuch aap apne andar rakh rahe hote ho. Aap woh sab kuch bahar nikalo, woh sab kuch batao kisi ko, woh sab batana bahut zaroori hai. Agar koi shaqs nahi hai, toh kahin likh kar usey bayaan karo, lekin usey apne dil se bahar zaroor nikalo.

Khud par ilzaam lagana band karo

Aapko zaroorat nahi hai khud par ilzaam lagane ki. Aap sochne lagte ho ki aapki wajah se ye hua hai kyunki, aksar log bhi humein hi blame karte hain ki humne yeh kiya is wajah se aisa hua, balki koi yeh nahi sochta ki jo bhi hai, karne wala hi galat hota hai, woh galat nahi hota jiske saath ho raha hai. Isliye khud se bhi aur kisi ke kehne par bhi khud par ilzaam mat lagana. Tumhari galti nahi hai, logon ki niyat hi kharab hai.

Accept karo jo bhi hua hai

Jo bhi hua hai, usey accept karna bahut zaroori hota hai, chahe kitna bhi mushkil kyun na ho. Sach toh yeh hai ki yeh badla nahi ja sakta jo ho gaya. Jab tak sachchai se door bhagoge, pareshaan hote rahoge, overthinking karte rahoge. Accept karo thande dimaag se aur apni zindagi mein aagey badhne ki koshish karo. Aisa kar ke tum is cheez ko aane ke liye allow nahi kar rahe ho, aisa kar ke tum apne aapko yeh samjhane ki koshish kar rahe ho ki, life mein jo hota hai accept karna padta hai, yakeen karna padta hai ki haan, yeh hua hai humare saath. Zindagi mein achhe aur bure, har tarah ke experiences se guzarna padta hai—yehi zindagi hai.

Apne experience se doosron ki madad karo

Tumhein pura haq hai bolne ka is baare mein, chahe kisi blog ke zariye ya kisi video ke zariye, logon tak apni awaaz pahuchao. Unhein apni kahani sunao aur unhein batao ki kaise-kaise tumne is sab ke saath deal kiya, kaise is sab se bahar nikli, aur tum kya advice dena chahti ho logon ko. Tumhare zariye kaafi ladkiyon ko bhi himmat mil sakti hai ki, kaise deal karein aisi situation se, kaise himmat dilayein khud ko.

Apne aap ko ek aur mauka do

Khud ko ek aur mauka dena zindagi mein aagey badhne ka, ek nayi shuruwaat karna, naye kaam ki shuruwaat karna, nayi hobbies, naye interest, kuch alag karna jo shayad socha ho par kiya nahi. Aksar aise incidents hone ke baad kaafi sehem jaate hain log, toh unhein waqt ko bhi thoda waqt dena padta hai, aur khud ko ek aur mauka dena hota hai, taaki beete hue kal ko accept kar ke aane wale kal ke liye khud ko prepare karein aur khub aagey badein. Zaroori hai aisa karna.

Umeed hai aapko zaroor himmat mili hogi is situation se deal karne ki. Khud ko kamzor mat samajhna aap, yeh mat sochna ki kitni bebas pad gayi, kitni lachar ho gayi, nahi! Aisa sochna galat hoga. Aap bahut himmatwali ho jo is sab se ladi aur khud ko bahar nikal pa rahi ho, aur ek din nikaal bhi logi. Bheegi billi nahi, sherni ho tum! Khud ko bilkul underestimate mat karo.

CHAPTER 2

Relationships Mein Overthinking

Hum jab bhi kisi ke saath ek aise rishte mein bandhein hote hain jisme humara dil, dimaag, jism, sab kuch involved hota hai, chahe woh boyfriend-girlfriend ho, husband-wife ho, ya gay/lesbian couple, us rishte mein sochne ki gunjayish kaafi zyada hoti hai. Kadam-kadam par humara dimaag zarurat se zyada sochta rehta hai, kuch na kuch ajeeb-o-gareeb khayaal banata rehta hai.

Chahe woh koi choti-moti baat ho ya koi bahut badi baat, humara dimaag sochta bahut hai jiski wajah se aksar humein chain nahi milta kisi aise shaqs ke saath hone ke baad bhi jisse hum bahut pyaar karte hain.

Overthinking humare chain ko chheen leti hai. Relationship ki overthinking ke kayi saare hisso ki hum baat karenge, taaki humein zyada se zyada sawaalon ka jawaab mil sake aur hum apni soch par thoda kaabu paa sake.

Rozmarra ki zindagi mein hum kayi cheezon se guzarte hain, chahe hum us shaqs ke saath physically ho, ya long-distance relationship mein ho, ya phir ek hi sheher mein reh kar ussey door ho, har situation ko lagbhag ek hi tareeke se handle kiya ja sakta hai. Jab hum us shaqs ke saath hote hain toh apni problems ko solve karna thoda asaan ho jaata hai, ussey door rehne ke muqable.

Isiliye long distance relationships mein zyada ladaiyan hoti hi hain, chahe jitni marzi understanding ho ek doosre ke liye, par ladaiyan aur kuch na kuch aisi baatein ho hi jaati hain, jissey dono ke beech cheezein kaafi bigad jaati hain, ya fir koi ek insaan un cheezon ko lekar overthink karne lagta hai.

Ladai-Jhagde Hona

Agar aap dono ke beech kisi baat par jhagda ho gaya hai, ya koi aisi baat ho gayi hai jiski wajah se aap dono baat nahi kar rahe hain, toh laazmi hai, aapke mann mein kayi saari negative baatein chal rahi hongi us insaan ko lekar aur us situation ko lekar. Ab chahe aap long distance relationship mein ho ya saath mein, karni aapko baat-cheet hi hai. Baat karne se hi problems ke solution nikalte hain.

Agar ladai mein galti aapki hai, toh bejhijhak unke paas jaiye aur unse maafi maangiye. Maafi maangne wala insaan kabhi chota nahi hota, aur na hi uski naak neechi ho jaati hai. Maafi maangne se aap dono ke beech bharosa bhi badta hai aur pyaar bhi.

Agar galti aapki nahi unki hai toh aap intezaar karo, apne aapko unke paas jaane se roko. Dekho, woh kab tak nahi aate hain, koshish karo ki wahi shaqs aapke paas aake aapse maafi maange. Agar us insaan ke ego se bade aap ho, toh wo zaroor aapke paas aayega aur aap se maafi maangega. Lekin agar wo intezaar karne ke baad bhi nahi aa raha hai, toh aap chale jao.

Uski wajah yeh hai ki aapko apne rishte ko sambhalna hai, usey bachana hai. Khaas kar rishte ke shuruwaati daur mein aapko apni baat par arhe nahi rehna hai, aapko thoda sa narm bhi hona zaroori hai. Ho sakta hai saamne wala shaqs apni galti ka ehsaas nahi kar pa raha hai, toh aap hi ko aage aake ussey baat karke usey ye ehsaas dilana hoga ki galti usi ki thi.

Agar yeh cheezein bahut lambe arse se chali aa rahi hain ki galtiyan woh kar rahe hain aur jhuk aap rahe hain, toh is cheez ko jitni jaldi ho sake band kardo, kyunki yeh aapki relationship ke liye healthy nahi hai.

Ho sakta hai aap bahut zyada overthinking karo in cheezon ko lekar, lekin aapko yeh samajhna bhi zaroori hai ki aapko samne wale shaqs mein aapko lekar, is rishte ko lekar, kharab aadatein nahi dalni hain. Aapko doosre shaqs ko yeh ehsaas dilana bhi zaroori hai ki jo insaan galti karne ki himmat kar sakta hai usey maafi maangne ki himmat bhi karni hogi.

Agar aap dono saath mein reh rahe hain aur tab is tarah ki koi cheez hui ki ladai hone ke baad baat nahi ho rahi hai, communication gap aa gaya hai dono ke beech, tab bhi yahi karna hai. Unse baat karne ki koshish toh karo hi, lekin kabhi kabhi saamne wale shaqs ko bhi waqt aur mauka do aapke paas aake aap se baat karne ke liye, aur apni galti ko maan kar aap se maafi mangne ke liye.

Hum jab bhi relationship ki shuruaati daur mein hote hain, toh bahut si cheezein samjha sakte hain, jaise humein kya pasand hai, kya nahi, kis tarah ki aadatein pasand hain aur kis tarah ki nahi, kaun si cheezein hum bardasht kar sakte hain aur kaun si humare bardasht ke bahar hain.

Is tarah ke ladai-jhagdo pe hum overthinking bahut karte hain, chahe soch is cheez ke baare mein ho ki woh galat hai main nahi, ya soch yeh ho ki woh mere paas kyun nahi aa rahe, mujhe manane nahi aa rahe, ya fir yeh ki main har baar jhukta hoon, is baar wo jhukenge.

Humare mann mein kayi saari baatein chal rahi hoti hain, aur unka kayi baar humein solution pata hota hai, aur kayi baar humein nahi bhi pata hota hai. Agar pata hai toh bas usko apply karne ki der hoti hai. Uske implement hone tak hum sochte chale jaate hain aur apni mental peace ko khatam kar dete hain.

Sochne pe thoda kaabu pao, zaroorat hai aapko. Chote-chote ladai-jhagdon pe zyada socha mat karo, choti-choti baaton ko bada bhi banaya mat karo, bematlab mein apne relationship ko toxicity ki ore leke ja rahe ho. Kabhi kabhi relax bhi karna chahiye thoda. Mujhe pata hai thoda mushkil hai, par koshish karo, sab theek ho jayega.

Trust Issues Hona

Ek aur common issue hota hai couples ke beech, trust ko lekar overthinking karna. Isme bhi do tarah ki situations hoti hain—ek yeh ki aap us insaan pe bharosa karna chahte ho par kar nahi paate, ya toh apne past experiences ki wajah se ya unke saath long-distance relationship mein rehne ki wajah se. Aur doosri situation yeh ki usne aisa kuch kar diya pehle, jiske baad aapne usey mauka toh de diya tha, par aap bharosa karne se darte ho, aap chahkar bhi bharosa nahi kar paate. Aapke mann mein ye darr baitha rehta hai ki kahin woh insaan fir se waisa kuch na kar de, khaas taur se bewafayi dikhana, ya dhokha dena, ya kisi aur ke kareeb jaane ki koshish karna, aur ya kisi aur ka uske kareeb aana.

Trust issues humari overthinking ko itna zyada badha dete hain ki humein chain aa hi nahi paata. Woh insaan jab jab nazron se door hota hai, humare mann mein darr satata rehta hai ki kahin woh kuch galat toh nahi kar raha hoga, ya woh kahin humein dhokha toh nahi de raha hoga.

Yeh issue sabse zyada long-distance relationships mein hota hai aur isi ki wajah se aise relationships tootti bahut hain aur har koi long distance relationships mein padne se bhi darta hai.

Kabhi woh insaan humein kisi or se replace kar deta hai, toh kabhi hum trust issues ki wajah se usko itna frustrate kar dete hain ki woh insaan humein chhod hi deta hai. Aakhir mein hota yahi hai ki phool sa rishta toot ke reh jaata hai aur humein dher saari yaadein de jaata hai din raat tadapne ke liye.

Ab baat aati hai ki trust issues ko control kaise kiya jaaye? Kyunki yahi hai humari overthinking ki wajah. Agar hum apne trust issues ko control kar lein toh hum apni overthinking ko bhi rok sakte hain.

Dekho, agar wajah aapka past hai, aapke past relationships mein aapke saath bahut bada dhokha hua tha jiski wajah se aapke dil aur dimaag mein dehshat baith gayi hai ki na toh ab aap kisi par bharosa karogey, aur agar koi aa bhi gaya hai toh aap us par chah kar bhi bharosa nahi kar pa rahe ho. Bhale hi aap apne past experiences se bahut kuch seekhe honge, lekin aapko apni past relationship se move on karna bhi zaroori hai.

Jab hum move on karte hain toh apne toote hue bharose ko bhi wapas jodte hain. Humein bharosa na karna seekhne ki bajaye ye seekhna zaroori hota hai ki hum ek insaan ki kaun si cheezon ko ignore na karein. Pata chala aap wahi galtiyan repeat kar rahe ho, aap is naye insaan ki wahi cheezein ignore kar rahe ho jo pichle shaqs ki ignore kari thi.

Doosri cheez, bharosa sirf ek insaan ki cheez nahi hai, yeh do logon ke efforts se banta hai. Jab bhi aap nayi relationship mein trust karte ho ek insaan ke upar, toh aap tab hi karte ho jab woh insaan aapko yeh yakeen dilaye ki woh bharosa karne ke kaabil hai.

Agar aapke saath trust issues hain toh woh aapki help karega aapke bharose ko wapas sahi karne mein. Par ye sirf tab hi mumkin hai jab woh is cheez ko samjhega ki aapka bharosa na kar pana ek majburi hai jisey aap khud theek karna chahte ho, bas aapko help chahiye.

Aur sabse badi cheez, bharosa do ya chaar din mein nahi hota hai. Bharosa hone mein ek arsa lag jaata hai, jitna waqt beetta chala jaata hai, utna hi bharosa majboot hota chala jaata hai, agar sab kuch theek rahe toh. Isliye trust issues ko lekar itna zyada mat socho, apni relationship ko time do grow hone ke liye, aur apne partner ko bhi time do ki woh aapki help kar sake.

Agar trust issues ki wajah aapka partner khud hai, toh yeh ek bahut takleef ki baat hai aapke liye bhi aur aapke partner ke liye bhi. Sabse pehle toh yeh samjho ki bharosa ek aisi cheez hoti hai jo ek paper ki tarah hoti hai. Agar usey ek baar marodh diya jaaye toh wapas pehle jaisa hone mein usey bahut waqt lag jaata hai ya shayad kabhi hota hi nahi.

Wahi aapke saath ho raha hai agar ek baar aapke isi partner ne kuch aisi cheez kar di, kuch badi, jisse aapka bharosa pura ka pura toot gaya, toh yeh wapas judna bahut mushkil ho jaata hai. Aap bhale hi apne partner ko yeh ehsaas dila do ki aapne usey maaf bhi kar diya aur aapko us par bharosa bhi ho gaya hai, par mann hi mann aap shak kar rahe ho aaj bhi.

Agar aap apne partner ko maaf kar chuke ho aur is baat ko hue kaafi waqt beet chuka hai aur ab woh kuch galat nahi kar rahe hain, toh aapko us insaan ko mauka dena chahiye, aapko yeh samajhna zaroori hai ki waqt ke saath saath hi trust wapas aa sakta hai. Dheere dheere uspe yakeen karna shuru karo. Koi nahi keh raha aap se ki aap aankh band kar ke bharosa kar lo phir se jaise pichli baar kiya tha, par kam se kam shuru toh karo.

Haan, aapko is baar apni aankhein khuli rakhni hongi, na chahte hue bhi woh sab dekhna padega jisey aap nahi dekhna chahte hain, aur woh bhi sunna hoga jisey aap apne kaano se nahi sun sakte.

Agar aap apne partner ko maaf karne ki soch rahe ho toh ek baat achche se samajh lo—dhokha dene walo ki fitrat mein dobara dhokha dena ek hadd tak hota hai. Agar ek aise insaan ko maaf kar rahe ho jisne aapko dhokha diya hai, aapka bharosa toda hai, toh woh dobara bhi aisa kar sakta hai, Isliye soch-samajh kar hi faisla lena. Lekin utna sochna jitna zaroori hai, zaroorat se zyada mat sochna in cheezon ko lekar, bewajah pareshan mat karna khud ko.

Agar aap is faisle par pahuche ki unhein maaf karke unke saath phir se continue karoge, toh koi baat nahi. Agar woh badle hain toh shayad nahi karenge us tarah ki phir koi galti, par agar nahi badle hain, aur niyat mein aaj bhi khot hai, toh phir kabhi na kabhi woh wahi harkat karenge, aur uske baad unhein maaf karne ki zaroorat nahi hai. Tumhare liye yeh sabak hoga ki aise insaan ko maaf karna jisne ek baar nahi ek se do baar dhokha diya hai, humari bahut badi galti hoti hai.

Overthinking sirf padh ke kam nahi kari ja sakti, overthinking ko kam karne ke liye aapko apne aap ko kaafi samjhana padta hai, bahut zyada train karna padta hai, ek soch banani padti hai jo wakayi mein ek lamba process hai, jo zindagi ke experiences ke saath saath hoti bhi rahegi, phir tootegi, aur phir ban jayegi.

Trust issues ko lekar overthink karna bahut common hai, aur iska solution bas yahi hai ki chahe aap us insaan ke saath relationship mein ho ya nahi, waqt do cheezon ko, rishton ko, logon ko. Jaise-jaise waqt ke saath-saath woh grow hongey, aur jaise-jaise aap zindagi jiyogey unke saath, aapko samajh aa jayega ki yeh insaan bharosa karne ke layak hai ya nahi. Isliye overthinking karna band karo aur is cheez ko apne dil aur dimaag mein baitha lo. Dekhna, thoda waqt zaroor lagega par sukoon milega.

Galatfehmiyan Hona

Ek rishte mein kabhi na kabhi aisa din zaroor aata hai jab hum unhein ya woh humein samajhte nahi. Yeh ya toh ek pure flow ke saath aata hai ya beech-beech mein aisa hota rehta hai ki.

Hum unse umeed karte hain ki woh humein aur humari issues ko samjhein, aur woh humse umeed karte hain ki hum unhein aur unki issues ko samjhein, par kabhi kabhi dono chook jaate hain samajhane se, aur phir dheere-dheere galatfehmiyan badhne lagti hain.

Agar aapko aisa lagta hai ki aapke partner aapko nahi samajhte hain, toh sabse pehle aap wajah janne ki koshish kariye ki aakhir woh aapko kyun nahi samajh rahe hain. Kisi insaan ko na samajhne ki kayi wajahein ho sakti hain.

Ya toh aisa ho sakta hai ki woh aap se umeed kar rahe hain ki aap unhein samjhein, kyunki woh aapki har cheez ko samajhte aaye hain kaafi arse se. Ya yeh ho sakta hai ki woh jaanbujh kar samajhna nahi chahte. Ya phir ek yeh bhi wajah ho sakti hai ki woh aapko samajh nahi pa rahe hain, kyunki woh khud kaafi pareshaniyon se guzar rahe hain. Aur ek wajah yeh bhi ho sakti hai ki, aap zyada complicated hain apni zindagi mein, apne issues ko lekar, isliye woh samajhne ki koshish kar ke bhi nahi samajh pa rahe hain.

Aksar zindagi ke mushkil daur mein hum apne partner se umeed karte hain ki woh humein zyada samjhein aur humare saath adjust karein. Aap sabse pehle yeh dekhiye ki aakhir galtiyan ho kahan rahi hain. Aapko yeh dekhne ke liye ek partner ki tarah nahi, ek third person ki tarah dono ki situations ko dekhna padega, taaki aap bina ek taraf zyada jhuke yeh samajh sakein ki kaun kahan galtiyan kar raha hai. Dhyaan se dekhne par aapko khud samajh aa jayega ki kis ke end se galti ho rahi hai. Agar aapko yeh dikhe ki aap galti kar rahe hain toh aap unke paas jaa kar apni galtiyon ko accept karke situation ko calm down karne ki koshish kariye. Unhe bharosa dilaiye ki aap unhe bhi samajh rahe hain aur unki situation ko bhi. Aisa karne se aapke partner bhi apna gussa aur apni naraazgi ko side mein rakh ke aapko samjhenge aur aap dono ke beech chal rahi problems ko bhi thik karenge.

Agar aapko yeh lagta hai ki aap thik hain aur woh hi galat hain, toh aap unse baat karke unhein yakeen dilaiye ki unki kaunsi cheezon ki wajah se aap dono ke beech galatfehmiyan hone lagi hain. Unse pyaar se, shaanti se, baat kariye aur unke saath share kariye ki kahin na kahin iss situation mein woh galti kar rahe hain aur unhein aisa nahi karna chahiye, kyunki unke aisa karne ki wajah se aap dono ke phool se rishte mein dararein pad rahi hain.

Aap ko apne partner ko yakeen dilana hoga ki galatfehmiyo se ek rishta khatam ho jaata hai aur yeh aap dono ke rishte ke liye bilkul bhi thik nahi hai. Jab bhi hum apne partner ko yeh samjha rahe hote hain ki woh galti kar rahe hain, ya aap unhein kisi bhi cheez ya situation ke liye galat thehra rahe hain, toh aapki tone bahut hi light aur calm honi chahiye, kyunki aksar log galat thehrate waqt bahut badtameez ho jaate hain aur bahut zyada frustrated sound karne lagte hain, jo ki us situation ko aur bhi zyada complicated bana deta hai.

Jab bhi aap baat karo, pyaar aur samman ke saath baat karo, taaki woh shaqs aapko sirf samjhe hi nahi, balki usey yeh bhi ehsaas ho ki aap kitne pyaar se aur samajhdari se us situation ko sambhal rahe hain aur aapka unki zindagi mein hona unke liye bahut hi garv ki baat hai. Aksar gusse mein sambhalti cheezein bhi bigad jaati hain. Isliye kabhi bhi apne partner ko kuch bhi samjhao, toh pyaar se samjhao.

Iske alawa kuch tarike batata hoon jinko dhyaan mein rakhke aur jinka istemaal kar ke aap apne partner ke saath galatfehmiyon ko door kar sakte hain:

Unhein bhi suno

Kabhi bhi aap dono ke beech galatfehmiyan ho jayein toh ek baat ka dhyaan rakho, baat karte waqt hamesha saamne wale ki baat ko dhyaan se suno. Sirf apni nahi bolni hoti hai, samne wale shaqs ki sunni bhi hoti hai. Agar aap unhein sunoge nahi aur sirf apni kahogey, toh aap dono ke beech galatfehmiyan kam hone ki jagah aur bhi zyada badh jayengi. Aap unhein suno toh ek baar, dekho woh kya keh rahe hain, kitni sahi aur kitni galat baat keh rahe hain, kya pata unka point bahut sahi ho aur aapko ehsaas ho jaye apni galti ka.

Break bhi zaroori hai

Jab bhi aap dono ke beech galatfehmiyan kaafi badh jayein, toh ek break le lo. Zaroori nahi hota ki galatfehmiyan hote hi aap unke saath solve karna shuru kar do aur woh ho bhi jaaye. Kayi baar galatfehmiyon ki aag ko bujhne ke liye samay dena padta hai. Woh apne aap dheere dheere bujhte hain aur jab aapka dimag thanda ho jaaye phir baat karo taaki thande dimaag se aap dono ek doosre ko suno aur samjho. Jab aap dono ek doosre se baat nahi kar rahe hoge, toh chances hote hain ki aap apni-apni chhod ke ek doosre ki situations ke baare mein bhi soch rahe hoge, toh isliye bhi zaroori hota hai break lena, ya woh jagah chhod ke kahin aur chale jana.

Ek baar aap bhi jao unke paas

Agar bahut samay tak woh aapke paas nahi aa rahe hain, toh aap apna ego side mein rakh ke unke paas jaa kar unse baat kar sakte hain. Mujhe pata hai aap kahoge ki aisa karne se toh woh mujhe for granted le lenge. Dekho for granted koi ek-do baar aisa karne par nahi leta, log for granted tab lete hain jab aap baar baar unke paas jaate ho unki galtiyon par aur woh baar baar aapko apne aage jhukate hain. Aap kabhi kabhi aisa kar sakte hain, par har baar nahi. Aap unke paas ja kar unhe ehsaas bhi dila sakte hain ki unki galtiyon par unhe jhukna chahiye, aapko nahi.

Doosron ko involve mat karo

Doosron ko involve kabhi mat karo jab bhi aap dono ke beech galatfehmiyan ho jayein. Relationship mein teesre logon ke aane ki wajah se problems shuru ho jaati hain. Aap dono apni galatfehmiyon ko khud solve karo. Agar aapko bilkul samajh nahi aa raha hai toh aap kisi experienced person se advice le sakte hain, ya professional help le sakte hain kisi se, par knowns ko involve karna aksar thik nahi rehta, kyunki humare knowns humein judge bhi karte hain, aur saath hi saath humari side lete hain ye jaane bina ki hum sahi hain ya nahi.

Inhi sab baaton ka dhyaan rakh kar apne partner ke saath ho rahi galatfehmiyon ko thik kiya jaa sakta hai. Isliye ab overthinking karna band karo ki problem yeh hai, problem woh hai. Problem toh sab ko pata hoti hai, par ab aapko solution bhi pata hai, isliye solution par focus kar ke apne dimaag ke uljhe hue dhaago ko suljhao.

Jab Woh Aapko For Granted Lene Lagte Hain

Humari relationships mein ek aur sabse common issue hai jispe humari overthinking bahut badh jaati hai. Aksar yeh hota hai ki jab bhi hum kisi ke kareeb aate hain, unke saath relationship mein aate hain, shuruwaat mein toh unka behaviour kaafi achcha hota hai. Woh aapko apna waqt bhi dete hain, aapki cheezon ko bhi samajhte hain, aapko pyaar bhi karte hain, aapke liye efforts bhi karte hain, aur aapki respect bhi karte hain, wo sab kuch karte hain jissey aap unki ore chumbak ki tarah khiche chale jaate ho.

Yeh cheezein shuruwaat mein toh bahut sar chadh kar bolti hain, par dheere dheere woh yeh sab cheezein karna thoda thoda kam kar dete hain. Jo attention aapko mila karta tha ab woh kam ho gaya hai, jo pyaar woh karte the woh bhi thoda thoda kam ho gaya hai, jo efforts woh pehle karte the ab woh kam ho gaye hain. Bas baatein hoti hain, unmein bhi zyadatar jhagde ho jaate hain.

Thode time baad yeh mehsoos hone lagta hai ki yeh insaan ab aapko woh importance nahi deta hai jo yeh pehle diya karta tha, jo ki aapko andar hi andar bahut maarta hai. Hum actually mein bahut overthinking karna shuru kar dete hain is sab ko lekar. Humein bechaini hoti hai, anxiety hoti hai is sab ko lekar. Kayi sawaal mann mein ghoomne lagte hain, dimaag shaant nahi hota, har waqt yahi sochta rehta hai ki aakhir kya hua is insaan ko. Jab aapke mann mein feelings aayi toh yeh insaan achanak se peeche hone laga.

Jab aap nahi badle toh yeh kaise badalne laga? Jab aap us insaan se directly puchte ho toh jawaab kabhi seedha nahi aata. Woh cheezein thik karne ki jagah ya to bhadak jaate hain ya jaisi hai usi haal mein chhod ke chala jaatein hain.

Agar aapke partner ne bhi aapko for granted le liya hai, toh aapko kuch aisi cheezein karni hongi jissey aap unke dil mein apne liye ehmiyat fir se jaga sakte hain. Kyunki yeh ehmiyat hi hai jo uski nazron mein kam ho gayi hai aapki. Aur woh hota isliye hi hai, kyunki jab tak ek insaan aapko chase kar raha hota hai, woh aapko bahut kuch dikhata hai, lekin jab uska chase khatam ho jaata hai aur aapka shuru ho jaata hai, toh woh insaan aapko bahut lightly lene lagta hai. Uske dil se aapko khone ka darr tak khatam hone lagta hai.

Jab log humare saath itna sab kuch karte hain, humein for granted lene lagte hain, toh hum bhi bahut zyada overthinking karne lagte hain. Zaahir si baat hai, jab koi shaqs humein apni hi nazron ke saamne badalta dikhega, toh mann mein hazaar sawaal aayenge. Aur un sawaalon ke jawaab jab mangne par bhi na milein, toh hum bahut depress ho jaate hain.

Overthinking kar-kar ke hum apni mental peace ko puri tarah khatam kar dete hain, aur hum yeh ehsaas nahi kar paate ki yeh humari mental health ke liye kitna kharab hai. Pata hote hue bhi hum control nahi kar paate.

Dekho, koi bhi emotional problem khud emotional hokar handle nahi kar paoge. Kyunki jis cheez se aap emotionally jude ho, woh cheez emotional ho kar thik nahi ho sakti. Agar aapko kisi ko apni value ka ehsaas karana hai, toh aapko majboot banna hoga, thoda bahut nahi, bahut zyada, aur physically nahi, emotionally banna hoga.

Yeh jo baar-baar jhukte ho aap unke aage, apni galtiyon par bhi aur unki galtiyon par bhi, yeh band karna hoga. Apni khoyi hui self-respect ko wapas lana hoga, apne aapko unka ek option banne se rokna hoga.

Aur yeh sab karne ke liye, sabse pehle aap unse baat karoge. Baat karte waqt aap unhein samjhane ki koshish karogey, woh sab kuch bataogey jo jo woh kar rahe hain aur jo chot woh aapko de rahe hain. Aur saath hi saath yeh bhi janna hoga ki kahin woh kisi pareshani se toh nahi guzar rahe hain.

Baat karo unse

Sabse pehle baat ki jaati hai, kyunki baat karne se bahut kuch sahi ho jaata hai. Agar aapke baar baar baat karne se bhi kuch thik nahi ho raha hai, koi solution nahi nikal raha hai, phir aap apne soft nature ko thoda hard karo. Jo baar baar pighal jaate the aap unke liye, unki baaton par, ab khud ko pighalne se roko. Samajhna hoga ki woh shaqs aapke is behaviour ko itna lightly le raha hai, usey ab aisa lagne laga hai ki aap hamesha pighlogey aur woh hamesha aapko pighalne par majboor karega.

Unki galtiyon par mat jhuko

Ab aapko is cheez ko rokna hoga. Jo baar baar aap unki galtiyon par jhukte aaye the, unse maafi maang lete the, unse baat kar liya karte the, apne pyaar aur rishte ko bachane ki khaatir aur woh aapko zabardasti majboor karte the aisa karne ke liye. Woh sab kuch aapko band karna hoga, kyunki us shaqs ke andar ab is cheez ka ego aa chuka hai ki woh aapko hamesha jhukayenge aur khud kabhi nahi jhukenge. Unhein aisa lagta hai ki woh kabhi galat nahi ho sakte, galat toh sirf ek hi shaqs hota hai aur woh aap ho. Unki is galatfehmi ko puri tarah khatam karna hoga aur apne liye stand lena hoga.

Unhein kamzori mat banao

Aap doosron ko jitna kamzor dikhaogey, log aapki kamzoriyon ka utna hi fayda uthayenge. Isliye kabhi logon ko yeh mehsoos nahi hone dena ki woh aapki kamzori hain, aur aap unke bina jee nahi sakte. Unhein yeh pata hona chahiye ki agar woh zara sa bhi galat raaste par gaye, toh woh aapko kho sakte hain.

Jab bhi woh aapko galat raah chalte dikhein, ya kuch baat aisi karein jisse aapko yeh mehsoos ho ki woh aapko lekar kis tarah ki soch rakhte hain ya ab rakhne lage hain, aur aapko woh cheez galat lage, toh aap unhein usi samay thik kar do, warna baad mein thik karne ki koshish bhi karoge, toh thik hone ki bajaye baatein aur bhi zyada bigad jayengi, aur sabse badi baat toh yeh hai ki baad mein us sab ki value hi nahi reh jayegi.

Is sab ko karte-karte bhi woh shaqs agar aapko ignore kar raha hai, ya aapko zara bhi ehmiyat nahi de raha hai, toh aap bhi unhein ignore karo, unse doori banao. Na jaldi se kisi text ka reply karo aur na hi pehli ring pe call pick karo. Kuch der intezaar karwao unhein, unhein yeh dikhao ki aap unke liye 24*7 available nahi ho. Yeh mat dikhao ki aap khaali ho, aapke paas koi kaam nahi hai.

Kam available raho

Apni availability ko thoda kam karo unki zindagi mein. Agar woh nazron ke samne ho, tab bhi unhein nazarandaaz karne ki koshish karo, kyunki woh bahut zaroori hai. Aisa karne se do cheezein hongi—ya toh woh pareshan ho jayenge aur sochne lagenge ki aap kyun unse door ho rahe hain, ya agar woh yeh sab aap se door jaane ke liye kar rahe the toh yeh bhi saabit ho jayega ki woh ab rehna nahi chahte aapke saath. Aur aapko yeh pata chalna bahut zaroori hai ki aapka partner aapke saath rehna chahta hai ya nahi.

Agar hum baat sirf for granted lene ki karein toh yeh permanent nahi hota, yeh ek temporary state hota hai, jahan dono mein se koi ek shaqs doosre ko value dena kam kar deta hai. Aur zaroori yeh bhi nahi ki woh aapko granted yuhin le rahe hain, yeh bhi ho sakta hai ki woh busy ho apni studies ya career mein, ya kisi aise personal kaam mein jiski wajah se aapke liye waqt nikaal paana thoda mushkil ho raha hai.

Kayi baar yeh bhi wajah hoti hai ki ek shaqs apni personal problems—jaise ki studies, personal life ya professional life—se disturbed chal raha hota hai, jiska asar uski relationship pe padhne lagta hai. Toh is sab ke baare mein baat ki jaa sakti hai aur sahi waqt ka intezaar kiya jaa sakta hai jab woh comfortable ho apni problems share karne ke liye.

Agar aapke saath bhi kuch isi tarah ki baat hai jahan aap apne partner ko pehle wali value nahi de pa rahe hain aur wajah yeh hai ki aap disturbed chal rahe hain apni studies, personal or professional life ki wajah se, toh aapko bhi sahi waqt dhundke discuss karna hoga apne partner ke saath. Kyunki, ek shaqs wakayi mein bahut pareshan ho jaata hai jab aap usey ignore karte hain, uski value usko bilkul zero dikhane lagti hain.

Overthinking, jaisa ki ab tak bataya gaya hai, problems ki mat karo, yeh socho ki yeh cheezein thik kaise hongi, emotional ho kar har cheez se deal nahi kar sakte aap life mein. Aapka strongly aur practically chalna bahut zaroori hai, verna aap par log dabaav banate chale jayenge, aur jo itne zyada dabte hain, unki doosre fir izzat bhi nahi karte. Toh apni izzat aur ehmiyat ko barkarar rakhne ke liye aapko doosre shaqs ko yeh ehsaas dilana hoga ki woh aapko itna zyada kamzor na samjhein. Aur agar is tarah se behave karte rahe woh aapke saath, toh rishta khatam ho sakta hai, aur wapas kuch thik phir hoga bhi nahi.

Agar aap live-in relationship mein ho, tab bhi yeh cheezein kari ja sakti hain. Aap apne ignorance se, apni gair maujudgi se, apne unmein interest show na karne se us insaan ko yeh ehsaas dila sakte ho ki aapki bhi apni value hai jisey ignore na kiya jaaye toh behtar hoga, warna anjaam achcha nahi hoga. Zindagi mein kayi baar jab pyaar se kisi ko ehsaas na ho toh thodi halchal machani padti hai, thodi sakhti baratni padti hai taaki us insaan ko ehsaas ho ki jo bhi baat hai, kaafi serious hai.

Overreact Karna

Kabhi kabhi kya hota hai ki humara partner humse kuch kehta hai aur hum uski baat pe overreact kar dete hain. Kabhi kabhi humein realize ho jaata hai ki humne galat kiya hai, humein aisa nahi karna chahiye tha, matlab jitna reaction zaroori tha ussey kayi zyada react kar ke humne us situation ko aur bhi zyada bigaad liya. Par kabhi kabhi humein realize nahi hota hai ki humara reaction galat tha, humein is tarah se react nahi karna chahiye tha. Humara ego hota hai unke aage na jhukne ka, aur na apni galti mannne ka.

Agar humein realize ho jaaye toh us overreaction ke baad hum overthinking karna shuru kar dete hain ki humein aisa nahi karna chahiye tha. Overthinking karni kyun hai? Jab aapke paas ek itna pyara option hai us insaan ke paas jaane ka aur ussey maafi mangne ka, toh aap soch-soch ke apna time waste kyun kar rahe hain? Kyun pareshan ho rahe hain aur kyun pareshan kar rahe hain apne dimaag ko? Aapke partner tak ko yeh baat achhi nahi lag rahi hogi ki aapne itna react kar diya.

Aise mein sochna band karo, apni galti ka ehsaas karo aur aage badh kar unse maafi maango. Zabardasti ki dooriyan mat lekar aao apne dil mein aur apne dimaag ko itna mat uljhao. In choti-choti cheezon ki gunjayish mat lekar aao.

Situations ko samajhdari ke saath handle karna shuru karo, na ki nasamjhi ke saath overreact karo. Maturity aani bahut zaroori hai aapke andar, jab tak woh nahi aayegi tab tak aisi choti-moti cheezein avoid nahi kar paaogey aur bewajah soch soch ke apne dimaag ko pareshan karoge.

Is baat ko realize karo aur dhyaan rakho ki aagey se itna overreact karne ki zaroorat nahi hai. Bhale hi baat kaisi bhi ho, ek samajhdar insaan shanti se, calmly situation ko sambhalta hai. Aur besabrapan overreact karne par majboor kar deta hai, isliye besabri ko chhodo aur samajhdar bano.

Relationship ke Future ko Lekar Overthinking Karna

Relationship ke future ko lekar overthinking karna bhi ek bahut bada issue hai. Chahe woh caste differences ho, religious differences ho, ya future ki stability, career ya finances ko lekar ho, ya phir partner ke future ko lekar surety na dena ya mana kar dena ho, hum bahut zyada sochte hain humari relationships ke future ko lekar.

Shuru shuru mein hum in sab cheezon ko ignore kar dete hain yeh soch kar ke baad ki baad mein dekhi jayegi.

Lekin jaise jaise waqt beetta hai, humein reality check milna shuru ho jaata hai. Hum pareshan hone lagte hain aur bahut zyada overthinking karne lagte hain, aur jab woh *'baad'* aata hai, toh kuch *'dekha'* nahi jaata.

Pyaar karna gunaah nahi hota, lekin sirf pyaar se bhi sab kuch nahi hota. Shuruwaat mein humare sar pe ishq ka bhoot is kadar sawaar hota hai ki hum kisi cheez ke baare mein sochte bhi hain, toh ignore kar dete hain.

Sabse pehle baat karte hain intercaste/ inter-religious relationships ke baare mein.

Intercaste/inter-religious relationships woh hoti hain jahan do alag caste/religion ke log aapas mein relationship mein aate hain. Humari society mein bahut se log intercaste/ inter-religious relationships ko kaafi galat maante hain. Ek baar ko intercaste fir bhi accept kar lete hain, par interreligious relationships ko toh bahut zyada galat maante hain.

Kisi kisi ke parents ko koi dikkat nahi hoti is tarah ki relationship se, woh insaan dekh kar rishton ke liye haan bol dete hain. Lekin kahin-kahin par aaj bhi log chahte hain ki apni caste mein hi shaadi karwayein apne bachchon ki. Iske pressure mein aksar bachchon ko ya toh apne pyaar ki kurbaani deni padti hai, ya woh bhaag ke shaadi karne jaise kadam utha lete hain.

Agar aap ek aise relationship mein ho jahan aap future ke baare mein soch soch ke insecure hote rehte ho ki, aap ke parents maanenge ya nahi, kuch pata nahi, toh aapko itna pareshan hone ki zaroorat nahi hai. Apne aaj mein jiyo aur jo problems door hain unke paas aane tak apna soch soch ke dimaag kharab mat karo. Kyunki uska solution aaj nahi niklega, woh usi din niklega, isliye apne dimaag ko shaant karo, apne rishte ko majboot karo, aur apni zindagi ko enjoy karo. Kayi baar aisa bhi hota hai ki hum future ki tension lete reh jaate hain aur humare partner ke saath humari bonding kharab kar lete hain, jiski wajah se waqt aane se pehle hi break-up ho jaata hai.

Future kisi ne nahi dekha, kuch pata nahi aane wala kal humare liye kya lekar aaye, kaisa phase lekar aaye, isliye apne aaj ko jiyo khushi khushi, apne partner ke saath enjoy karo bina future ki tension liye, bina khud ke dil aur dimaag ko takleef diye. Jab bhi is baat ko lekar overthinking karo, apne dil ko samjhao ki abhi waqt hai us sab mein. Yeh waqt kal ki pareshaniyon se pareshan hone ka nahi hai, yeh waqt aaj ko jeene ka hai.

Ya toh apne andar confidence le aao ki parents ko har haal mein mana loge, ya phir agar aapko lagta hai ki jo aap soch rahe ho woh namumkin hai, toh aap is rishte ko khatam kar do bina soche ki kitni takleefon ka saamna karna padega aapko. Kyunki jitna waqt aap unke saath rahoge, utna zyada attachment badhega aap dono ke beech aur utni zyada takleefein bhi badhengi kal ko alag hone mein.

Doosra, shayad aap apne aur apne partner ki stability ko lekar chinta karte ho ki aap ya aapka partner stable nahi hai, jiski wajah se aapko dikkat hogi, ya to apne parents ko manane mein ya khud us insaan ke saath apni life spend karne mein. Yeh cheez tab hoti hai jab humara partner unstable hota hai. Agar aap ek achche aur nek insaan ke saath ho toh aapko chinta karne ki zaroorat nahi hai. Priority aapki uska paisa ya bank balance nahi hona chahiye, priority aapki yahi honi chahiye ki woh insaan achcha hai ya nahi, iske basis par decision lenge ki aagey chalna hai ya nahi.

Paisa aap dono milkar bhi kama lenge, thode kam mein guzara kar lenge. Aisi situation mein us insaan ka saath chhodne ki bajaye aapko usko support karna chahiye, kyunki woh unstable hokar bhi mehnat aap hi ke liye kar rahe hain, taaki behtar tareeke se settle ho sakein aur aapko ek khubsurat future de sakein. Waqt ke saath saath insaan track par aa hi jaata hai, kya pata us insaan ki kismat kab palat jaaye, kab uska career boost ho jaaye aur stable ho jaaye.

In sab baaton par overthinking karne se behtar aap us shaqs ko support karein, aur apne mann ko samjhayein ki woh insaan zaroori hai, baaki thode kam-zyada mein bhi kaam chala lenge. Zindagi mein ek achche insaan ka saath milna zaroori hota hai, paisa toh insaan waqt ke saath saath kama hi leta hai, koi thoda kamata hai toh koi thoda zyada, in sab cheezon ki wajah se achche insaan nahi thukraye jaate hain.

Iske alawa ek aur bhi baat hoti hai jiski wajah se aksar hum bahut pareshan ho jaate hain. Kabhi kabhi humare partner humein keh dete hain relationship ki shuruwaat mein ya beech mein ki, *'Hum saath reh sakte hain, lekin, future ki koi surety nahi hai,'* ya woh saaf-saaf mana kar dete hain ki woh aap se shaadi nahi karenge.

Aisi situation humein bahut zyada bebas bana deti hai ki humara break-up bhi nahi hua aur yeh bhi pata chal gaya ki ek na ek din woh bhi shaadi se pehle woh humse break-up kar lenge.

Bas ek baat kahunga—agar ek insaan aaj aapko keh raha hai ki woh aap se shaadi nahi karega, ya wo dikha raha hai ki kisi bhi tarah ki koi surety nahi hai future ki, toh aise insaan ka saath aap jitni door tak lekar jaogey, utna toot jaogey. Jab humein pata hai ki ek na ek din ye rishta tootega zaroor, toh aise rishte ko zabardasti continue kar ke apne aapko aur bhi zyada tootne ke liye mat chhodo.

Aaj bhale hi aapko ye lage ki aap alag nahi ho sakte, kyunki aap bahut attached ho, pyaar bahut karte ho, lekin ek bahut badsoorat haqeeqat yeh bhi hai ki yeh attachment aur pyaar ek na ek din waise bhi khatam hona hai, jo ki bahut door nahi, abhi aane wale kuch mahine, ya saalon mein hi hai. Is haqeeqat se jitna door bhagogey, utna gehra gaddha khod logey apne liye.

Sahi samay pe door ho jana chahiye aise logon se, zaroorat se zyada emotional ho kar kuch bhi decision loge toh siwaye pachhtave ke kuch nahi hoga. Baad mein bhi isi baat ka pachhtawa hoga ki us din faisla le liya hota aur thodi himmat kar li hoti toh aaj kahin aur hi hote, kuch aur hi kar rahe hote aur ho sakta hai kisi aur ke saath bhi hote, shayad aise kisi shaqs ke jo humse bahut pyaar karta aur jiske saath humara future bhi hota.

Aur sach kahun toh, yeh soch kar bhi continue mat karna ki ho sakta hai woh aagey chal ke apna mann badal le. Jaise jaise yeh relationship grow hogi, pyaar badhega, toh woh baad mein apna decision change kar lenge—is galat fehmi mein mat rehna. Dekho, bahut zyada risk leke nahi chala jaata kisi relationship mein. Humesha aise insaan ka haath thaamo jo kam se kam aapko chhod ke jaane ki baat toh nahi kar raha hai.

Jo shaqs shuruwaat mein hi aapko chhod jaane ki baat kar raha hai, woh aagey kaise nibhayega saath. Aise log humein for granted bhi le hi lete hain. Wajah yeh hoti hai ki jab koi insaan itna bhi sure nahi hai ki woh aapke saath aagey rahega ya nahi, toh aisa shaqs aapki value kaise karega, aur jo value nahi karega woh aapko ya toh shuru se, ya aagey chal ke for granted bhi le lega, aur aapke liye yeh sab toxic hota chala jayega. Isliye aisi galti bhi mat karna ki aap risk pe continue kar lo bas isliye kyunki aap alag nahi ho sakte unke pyaar ke khaatir.

Aap aaj unhein apni zindagi se na nikalke aise logon ka raasta rok rahe ho jo shayad aapke saath sachche dil se mohabbat karenge aur aapke saath saari zindagi rahenge. Unke saath aap bahut khush rahenge, aur phir jab peeche mud ke dekhenge tab yakeen hoga ki jo hua, sab achcha hi hua, kuch bhi galat nahi hua.

Partner ke Past/Behaviour/Habits ko Accept Nahi Kar Paana

Kayi baar hum apne partner ki kuch cheezon ko accept nahi kar paate, kuch aadatein jo unki thik nahi hoti, ya kuch aisi cheezein jo aapke hisaab se galat hoti hain. Hum is cheez ko lekar kaafi zyada overthinking karte hain.

Hum yeh sochte hain ki *Woh kyun hain aise? Woh aisi cheezein kyun karte hain? Kyun woh aisi baatein karte hain? Unki aisi aadatein kyun hain?* Ya *hum kaise unki in aadaton ya cheezon ko badlein? Kyun tha unka past aisa?*

Aise kayi sawaal aate rehte hain jiski wajah se humara mann bahut hi zyada ashaant ho jaata hai aur humein do pal ke liye bhi chain nahi milta. Hum is hadd tak sochne lagte hain ki hum unke saath hokar bhi khush nahi reh paate, enjoy nahi kar paate.

Dekho, har insaan alag hota hai, bhale hi aap ne unme lakh wo cheezein dekhi ho jo aapko bahut khush kar gayi ho, jo aapko apni jaisi lagi ho, jinhone aapko unki ore kheecha ho, par un lakh qualities mein bhi kuch qualities aisi hoti hain jo aapko pasand nahi aati, aur aisa hona bhi laazmi hai.

Is duniya mein koi bhi insaan perfect nahi hota. Hum sab kisi na kisi kami ke saath is duniya mein aaye hain. Hum mein lakh khoobiya hongi jo logon ko pasand aayengi, par kuch aisi aadatein bhi hongi jo logon ko bilkul pasand nahi aayengi.

Kuch buri aadatein jo badli ja sakti hain, woh ek alag baat hai, usey zaroor aap badalne ki koshish karo. Lekin agar kisi ke nature mein koi kami hai, kisi ka nazariya alag hai aap se. Toh usey badalne ki koshish mat karo, aise mein hoga kuch nahi, aap dono ke beech mein ek toh jhagde bahut badh jayenge, aur ussey bhi zyada bura ye hoga ki woh insaan badal jayega aur aapko lagega aapke liye badal raha hai, lekin aapko khud uski badli hui personality pasand nahi aayegi.

Yeh jo hum logon ko badalne ki koshishein karte hain unhein perfect banane ke liye, ya kuch-kuch apne jaisa banane ke liye, yeh bilkul thik nahi karte. Agar aapko lagta hai ki kisi insaan ki koi cheez aapko zara bhi pasand nahi aayegi, ya aap us cheez ko bardasht hi nahi kar sakte, toh aap us insaan ke saath kisi bhi tarah ke rishte ki shuruwaat hi mat karo.

Rishte shuru karne ke baad badalne ka koi matlab nahi banta. Agar kisi ko chaaho toh waisa chaaho jaisa woh hai, na ki us insaan ko badal kar chaaho. Thodi-bahut kharaab adatein badalne mein help ki ja sakti hai uski, ya aisi kisi cheez ko badla ja sakta hai jisko woh shaqs aap se khud badalvana chahta ho, lekin aap apni taraf se us insaan ko zaroorat se zyada badalne ya perfect banane ki koshish mat karo.

Ho sakta hai aapko aapke partner ke past se kaafi zyada pareshani hoti hai, relationship ki shuruwaat mein ya abhi haal-filhaal mein kuch pata chala hai unke baare mein aur woh aap accept nahi kar pa rahe hain. Past ki cheezon ko lekar aap judge karne lage hain unhein, ya woh sab baatein aapko kaafi zyada pareshan karti hain, toh in baaton ko dhyaan se padho.

Kisi bhi insaan ki kisi bhi cheez ko accept tab hi kiya ja sakta hai jab aap iss haqeeqat ko samjhein ki jo bhi hua tha, woh sab pehle hua tha, uska aaj se lena dena toh nahi hai. Agar aapke partner ke saath kabhi bhi kuch galat hua tha, ya usne kisi ka saath galat kiya, ya phir koi aisi cheez jo na sahi hai aur na galat, bas ussey aapko farak pad raha hai, toh aisi cheezon ko accept karo.

Beeti hui koi bhi cheez tumhare partner ka tumhare liye jo pyaar hai, usey affect kar rahi hai kya? Koi bhi incident tumhare beech mein pareshaniyan bada raha hai kya? Nahi! Jo hua ya toh kisi ki galti ki wajah se hua, ya nasamjhi ki wajah se hua, ya mutual understanding ke saath hua, un baaton se khud ke pyaar ko mat badlo.

Un beeti hui baaton ki wajah se apne partner ko judge mat karo. Woh insaan jaisa aaj hai, wahi sach hai, uska beeta hua kal uske baare mein nahi bata sakta ki woh kitna galat hai aur kitna nahi. Har insaan zindagi mein galtiyan karta hai aur galtiyon se seekhta hai, toh aise mein aapka haq banta hai us shaqs ko mauka dene ka, taaki woh galtiyan repeat na kare.

Aur agar aapke partner ka kisi aur ke saath koi physical relation raha hai, toh bhi aise mein unhein judge karne ki bajaye unhein yeh ehsaas dilao ki beeti hui cheezein sab ke saath ho sakti hain, yeh matter nahi karta ki humne kal kya kiya, matter yeh karta hai ki hum aaj kya kar rahe hain.

Agar woh aaj kuch aisa kar rahe hain jo aapke liye kaafi zyada offensive hai, toh aise mein faisla aapke haath mein hoga ki karna kya hai, aagey chalna hai saath ya yahin chhod dena hai. Lekin agar beeti hui koi baat hai, toh uske basis pe judge karke unhein aisa mat mehsoos karao ki woh kitne galat insaan hain, aur unke past ki wajah se unhein koi accept nahi karega.

Jis kami ki wajah se tum usey chhod doge, toh aisa toh hoga nahi ki yeh kami kisi aur mein nahi hogi, aur agar yeh nahi hui toh koi aur hogi, koi na koi kami milti hi hai humein kisi na kisi mein. Toh kamiyon ke saath jeena seekho, kamiyon ko accept karna seekho, agar achche-bhale insaan ko uske past ki wajah se chhodoge, toh yeh bahut galat karoge, uske saath bhi aur apne saath bhi.

Agar is baare mein overthinking karte ho toh, woh karna dheere dheere band aise hi hoga jab aap us shaqs ko woh jaisa hai waisa hi accept karna shuru karoge. Chahe woh acceptance ho ya overthinking ho, waqt lagta hai inhein apni zindagi mein, apni soch mein implement karne mein. Woh waqt dena bahut zaroori hai, jab woh waqt dogey, tabhi woh cheezein hoti nazar aayengi.

Relationship Mein Khush Nahi Reh Paana

Kabhi kabhi hum aise relationship mein hote hain jismein shuruwaat mein toh humein kaafi khushi hui thi; humne socha tha ki humara relationship aisa hoga, hum milke yeh sab cheezein karenge, ya humnein haan kehne se pehle mehsoos kiya ki hum bahut pyaar karte hain unse, ya karne lage hain. Lekin relationship mein kuch waqt bitane ke baad humari feelings ab kuch aur ho gayi hain unke liye.

Kul mila kar, hum relationship mein puri tarah se satisfied aur khush nahi hote hain aur humein samajh nahi aata ki hum kaise is tarah ki situation se deal karein. Kya karna humare liye sahi hoga aur kya nahi, kaise hum is pareshani se bahar niklenge, kaise hum sahi raaste par chalna shuru karenge. Inhi sab baaton ko soch soch kar hum bahut overthinking karne lagte hain.

Dekho, pareshan hone ki zaroorat nahi hai. Relationship mein aane se pehle aap jo mehsoos karte the, aaj agar aapko woh feelings nahi aa rahi hain, ya aapko aisa lagta hai ki aap ne jaldbaazi kardi kisi ko haan kehne ke liye, ya agar aap ne approach kiya tha, tab bhi aapko aisa lagta hai ki aapne jaldbaazi kardi relationship mein aane ke liye, toh ab jo batane jaa raha hoon woh dhyaan se padho.

Agar relationship mein aaye ho toh kuch na kuch mehsoos hua hi hoga, kisi ko commit kiya hai toh bina waqt diye abhi se is relationship ko khatam karne ke baare mein mat socho. Thoda waqt do us shaqs ko, uske bhi emotions ko samjho, uski feelings ki bhi kadr karo.

Pehle thoda waqt do, kya pata us shaqs ki baatein ya cheezein aapko samajh aane lagein, usmein aapko apna life partner dikhe ya ek bharosemand insaan dikhe, agar aisa ho jaye toh zaroorat hi nahi padegi relationship ko khatam karne ki.

Lekin iske bawajood bhi aapko koi feelings nahi aa rahi hain uske liye ya kisi bhi tarah ka connection nahi ban raha aapki side se aapke kaafi try karne ke baad bhi, toh ussey confess karo yeh sab, usey sach sach batao. Bhale hi us insaan ko bura lage ya uska dil toote, lekin usey dhoke mein rakh kar toh aap uske saath aur bhi bura kar rahe ho.

Usey batao jo bhi sachchai hai aapki feelings ki, aur uske saath aapka jo bhi rishta hai usey khatam karo, kyunki aise rishte mein rehne ka koi fayda nahi hai jisme pyaar hi na ho.

Agar situation yeh hai ki aap ke relationship mein aane se pehle woh shaqs kuch aur tha aur ab woh kuch aur ho gaya hai, aur aisa ban gaya hai jo aapko pareshan karta hai alag alag roop mein, na aapko samay deta hai na aapki koi izzat karta hai, tab bhi aise rishte ko badhava dene ka koi fayda nahi hai.

Jahan tak lagta hai ki aap koshish kar sakte ho ya ussey baat kar ke usey mauka de kar, aap in cheezon ko thik kar sakte ho, tab tak koshish kar lo. Lekin jaha aapko lage ki, woh insaan har hadd paar kar chuka hai aapko pareshan karne ki, toh aise rishte mein zyada waqt aur efforts dene ka koi fayda nahi hai.

Aise rishton ko jald se jald khatam kar dena chahiye aur khuli hawa mein saans leni chahiye. Aise rishte sirf aur sirf humein andar se kamzor banate hain aur inme humara dum ghutta hain. Kayi baar hota hai ki ek insaan relationship ki shuruwaat se hi—matlab bas kuch din hi beete hain—woh buri tarah se pareshan karna shuru kar deta hai aur kabhi kabhi uske baare mein aisi cheezein pata chalti hain jo usne chhupayi hoti hain, jiska aapko andaza bhi nahi hota.

Kisi insaan ki sachchai hi kayi baar humara mann kharaab kar deti hai, toh agar dikh raha hai ki, yeh insaan theek nahi hai aur iske saath reh kar aapki khushiyan badhne ki bajaye kam ho rahi hain aur dukh badhte ja rahe hain, toh aise insaan ka saath chhod dena hi humari rooh ko nayi zindagi dene jaisa hota hai.

Overthinking mat karo ki kya karun, kaise karun. Agar aapko lagta hai ki aap ek problem mein fase hue ho, toh solution bhi aap ke saamne hai. Usey implement karo aur apne aap ko is problem se bahar nikalo.

Partner Ke Friends Ke Saath Issues

Duniya mein bahut se log, chahe woh ladka ho ya ladki, kabhi bardasht nahi kar paatein hai ki unke partner unke opposite gender ke friends ke kareeb ho, chahe kitni hi genuine dosti kyun na ho. Aksar yeh dekha jaata hai ki ek partner ko doosre partner ke friends se problems hone lagti hain, issues hone lagte hain.

Un dono ka aapas mein baat karna, time spend karna, hasi-mazaak karna, unhein zyada pasand nahi aata. Khaas kar jo best friends hote hain, jinhein partners zyada time dete hain, zyada attention dete hain, aur zyada importance dete hain.

Jealousy hone lagti hai unhein, bardasht nahi hoti yeh cheez ek partner ko ki itni zyada importance kyun de rahe hain woh apne friend ko. Bhale hi aapka partner aapko kitni hi importance kyun na dede, sabse zyada hi kyun na dede, lekin agar woh kisi aur ko bhi bahut upar rakhte hain apni zindagi mein, toh dikkatein hona shuru ho jaati hain.

Aksar yeh bhi dekha jaata hai ki partners humare doston se dosti tudwa bhi dete hain kisi na kisi bahane, koi na koi aisi situation create kar dete hain ki hum apni dosti tod dete hain. Ya woh seedhe seedhe mana kar dete hain ki ussey baat nahi karni hai aaj ke baad. Wajah bata dete hain ki uski niyat tumhein lekar theek nahi hai, ya woh achcha insaan nahi hai aur humari relationship ko bachane ke liye humein aisa karna bhi padta hai.

Agar aap ek aise insaan hain jisko apne partner ke doston ke saath issues hain, ya aap ek aise insaan hain jiske partner ko aapke doston ke saath issues hain, dono hi situations mein aap overthinking bahut karte honge. Koi insaan yeh sochta hoga ki uske partner ki wajah se uske doston se dosti kharab ho rahi hai, woh door ho rahe hain apne doston se, toh koi yeh sochta hoga ki uske partner apne doston ko kaafi zyada importance de rahe hain, zaroorat se zyada. Aisa bhi hota hai ki aapke partner relationship mein hone ke bawajood bhi apne doston ko aap se zyada importance dete hain.

Yeh sab baatein aapke dil aur dimaag mein chinta ki wajah ban jaati hain aur aap bahut zyada overthinking karne lagte hain. Pareshan hone lagte hain ki is tarah ki situation ke saath kaise deal karein, kaise usey samjhein aur kaise saamne wale shaqs ko samjhayein.

Bahut zyada sochte ho ya nahi bhi sochte ho, par jab-jab yeh situation aati hai, aapka dimaag kharab hone lagta hai, aap pareshan ho jaate hain. Khair, chinta ki koi bhi baat nahi hai, yeh bhi ek problem hai, aur is problem ko bhi humein kisi na kisi tarah solve toh karna hi padega.

Yahan maine chaar alag-alag situations ki baat kari hai, ek-ek karke unki problems ke solution pe baat karenge taaki aap ke dimag ko shanti mile.

Aapke partner ke friend se jealous hona

Agar aap sirf apne partner ke friend se jealous hote hain, aapko un dono ka zyada baat karna nahi pasand, un dono ka milna nahi pasand, ek saath time spend karna nahi pasand, aur us jealousy ki wajah se aapke partner or aapki kayi baar ladai hui hai, nok-jhok hoti rehti hai toh isme galat aap hain, apke partner nahi.

Agar aapke partner ki koi galat intention nahi hain, us dost ki bhi koi galat intention nahi hai, aur woh dono kaafi achchi bond share karte hain, toh aise mein aapko apne upar control karna hoga. Kisi ki bhi genuine friendship khatam karana achchi baat nahi hoti. Agar aap apne partner ko uske khaas doston se door karenge, toh aapke partner bhi akele pad jayenge. Unhein sirf ek relationship ki zaroorat nahi hai, unhein doston ke saath ki bhi zaroorat hai.

Doston ki apni jagah hoti hai humari zindagi mein. Aur agar aap us jagah ko khatam karne ki koshish karenge sirf apni jealousy ke chakkar mein, toh aapke partner bahut akele pad jayenge. Ek insaan saare roles nahi nibha sakta, doston ka role doston ko nibhane dena chahiye, aur partner ka role partner ko nibhana chahiye. Haan, aap achche dost bano apne partner ke, is mein koi dikkat nahi hai, lekin unke maujuda doston ko unse door mat karo.

Aise mein humare partner bhale hi yeh show na karein, par woh andar hi andar akela mehsoos karne lagenge. Kisi bhi cheez ko jab aap kisi se door karogey, toh uski tadap aur zaroorat bhi badhti hai, woh aas paas rahegi, toh fir bhi itni zaroori nahi lagegi. Ek insaan us insaan ke aur bhi zyada kareeb aane lagta hai dooriyan badhne ke baad, uski tadap badhne lagti hai.

Is fact ko accept karo ki aapke partner ka ek dost hai, aur ussey aapko koi bhi problem nahi honi chahiye. Agar woh aap dono ke beech mein problem create kar raha hai toh zaroor apne partner ko is cheez ke liye samjhao ki woh aap dono ke beech mein na aaye, par dosti tudwana phir bhi ek solution nahi hai.

Aapke partner ke friends theek nahi hain

Agar aapke partner ke friends ya friend jinko lekar aap pareshan hote ho, woh theek nahi hain, woh aapke partner ka galat istemaal karte hain, unki achchai ka galat fayda uthate hain, unki niyat theek nahi kisi bhi mamle mein, toh aisi situation mein aap apne partner se baat kariye aur unhein samjhaiye ki woh jo bhi kar rahe hain theek nahi kar rahe hain.

Kisi insaan ko samjhana sab se pehla step hota hai, aap unse baat kariye, unhein samjhaiye, agar aap dono mein achchi understanding hai, toh woh zaroor aapki baat samjhenge aur manenge, par aksar aisa hota nahi hai aur in baaton par aapke partner aur aapki ladaiya ho jaati hain.

Dekho, agar samjhane se ek insaan nahi samajh raha aur aapko pura yakeen hai ki, woh shaqs jiske liye aap apne partner ko samjha rahe ho, woh wakayi mein galat hai toh, sabr karo aur uska asli chehra saamne aane do. Jab koi samjhane se na samjhe toh, usko samna karne dena chahiye, usey rokna nahi chahiye, jab tak woh thokar nahi khayega, tab tak usey ehsaas bhi nahi hoga ki, aap sahi the aur woh galat.

Itna overthinking mat karo is cheez par. Apne dimaag ko itna uljhao mat in baaton mein. Thokrein khane se insaan sambhalta hai, aur thokrein khani bhi zaroori hain, waqt do us cheez ko hone ke liye, agar koi galat hai toh, der saver ye saabit ho hi jayega ki, woh galat hai, aur jo nahi hai, woh bhi waqt ke saath saath saabit ho hi jaata hai.

Ho sakta hai aapko galat fehmi ho kisi cheez ko lekar, aisa hona bhi mumkin hai, isliye agar samjhane se ek insaan nahi samajh raha hai toh, sabr kar lo, aur intezaar karo us pal ka jab yeh saabit ho jayega ki woh dost galat hai, ya aap galat soch rahe ho.

Aapke partner apne friends ko zyada value dete hain

Rishte ki shuruwaat toh bahut achchi hui, aapko bahut zyada importance bhi mili, bahut respect bhi mili, aapko bilkul palkon par baitha ke rakha gaya, aapko sabse zyada priority mili, aapki har ek cheez, aur har ek baat maani gayi. Jo shuruwaat mein ek couple ke beech hota hai, woh sab kuch hua, lekin ek samay ke baad aapne yeh mehsoos karna shuru kar diya ki aapke partner ab aap se bhi zyada priority apne kisi ek dost ko ya doston ko de rahe hain.

Inhi sab wajahon se aap dono ke beech kaafi zyada ladai-jhagde bhi hote aa rahe hain, aaye din jab bhi aap dekhte hain ki woh apne doston ko aage rakh rahe hain, unki baatein zyada maan rahe hain aapke mukable, toh aapko insecurity feel hone lagti hai.

Kyunki, aapko aisa mehsoos hota hai ki, aap dono ka rishta sabse pehle aata hai kisi bhi rishte se, jab aapke barabar ya zyada kisi aur ko darja milega ya aap khud ko replace hota hua dekhenge, toh zaahir hai aapko takleef hogi hi.

Aisi situation mein jaha aapke partner apne doston ko zyada importance de rahe hain aur aapko kam, iska ek matlab yeh bhi hai ki unhone aapko for granted le liya hai. Kyunki jab ek insaan ki zindagi mein aapki value kam hoti hai tabhi woh aap se upar logon ko rakhne lagta hai. Aise mein aapko unki zindagi mein apni ehmiyat ko badhana hai.

Aur ehmiyat badhane ke liye sabse zyada zaroori hota hai thodi si doori banana. Jab tak aap unse sara waqt baat karte rahoge, unka intezaar karte rahoge, hamesha pehle baat karne ke liye aage aaoge, hamesha unki har baat par haan mein haan milaoge, kabhi apne liye, ya apne saath ho rahe galat ke khilaaf stand nahi loge, toh unki zindagi mein aapki ehmiyat kaha reh jayegi?

Khud ke liye stand lena padta hai, kisi ki zindagi mein apni ehmiyat badhane ke liye khud ko aage aur pehle rakhna hota hai. Unki galtiyon par baar-baar jhukna band karo, apni self-respect ka dhyaan rakho, insaan chahe kitna hi kareeb aur apna kyun na ho jaaye, woh kabhi bhi humari self-respect se upar nahi hota. Humari self-respect se upar duniya mein koi nahi, kuch bhi nahi hota.

Jab aapki value badhegi toh woh aapko apne aap doston se zyada importance denge. Lekin agar aapki value hone ke baad bhi woh apne doston ko zyada importance de rahe hain, toh aise mein aap unhein samjhaiye, unhein bataiye ki aap kaisa feel karte hain jab bhi woh aapke upar doston ko rakhte hain. Unhein apne dard ke baare mein bataiye, ki yeh sab aapko bahut zyada hurt karta hai.

Agar is sab ke baad bhi aap dekh rahe hain ki unke upar koi asar nahi ho raha, toh yahan par do hi raaste bachte hain. Ya toh aap is fact ko accept kar lo ki unki zindagi mein doston ke liye bahut badi jagah hai aur adjust karlo. Ya phir aap apne liye stand lo aur unse door ho kar unhein yeh ehsaas dilao ki aap aise rishte ko continue nahi kar sakte jis rishte mein aapko woh darja nahi mil raha hai, jo aap deserve karte ho aur jo aapka hona chahiye.

Kisi bhi insaan ke liye agar uske dost itne zyada zaroori hongey ki woh aapko chhodne tak ke liye tayaar ho jaye, toh samajh lena ki aap unki zindagi mein bahut zyada neeche stand karte aaye ho ab tak. Jo insaan aise kisi reason ki wajah se aapko chhodne tak ke liye tayyar ho jaye, aap se door hone ke liye tayyar ho jaye, aise insaan se door ho jaana hi behtar hai.

Kyunki aisi situation mein aapko woh khushi aur respect kabhi nahi milegi jo aap deserve karte ho, jo aapko milni chahiye. Aap is cheez se compromise karte rahogey aur ghut-ghut ke jeete rahogey, toh ussey behtar hai ki aap aise insaan se is rishte ko khatam kar hi dein.

Jiski zindagi mein humari wo jagah nahi hain jaisi jagah unki humari zindagi mein hain, aise rishte mein rehne se behtar hai ya toh akele raho, ya kisi aise insaan ke saath raho jo kabhi aapko aisa feel na karaye.

Jab woh kisi ek dost ko zaroorat se zyada importance dete hain

Ek aur bahut hi aam situation dekhi jaati hai ki jab bhi humare partner apne kisi ek dost ko bahut zyada importance dete hain, aur kaafi zyada kareebiyan bhi hoti hain unke beech, jo dekhne mein toh dosti jaisi lagti hai, magar woh dosti se zyada hoti hai ya ho rahi hoti hai. Yeh bhi ek aisa doubt hai jo humein kaafi baar pareshan kar deta hai, khaas kar tab jab woh dost partner se doosre gender ka ho, toh humein insecurity bahut hoti hai.

Dekho, agar aapke partner kisi aur se bahut zyada close hain, kehte toh yeh hain ki woh best friend hai aur reality mein un dono ke beech kuch chal raha hai, toh woh cheez unke actions mein dikh hi jayegi. Dosti kaisi hai aur kaisi nahi, yeh pata lagaane ke kayi tareeke hote hain. Baat karte hain ek-ek kar ke:

- Agar aapke partner apne dost ke saath zyada samay bita rahe hain, woh samay bhi jo aapke saath hona chahiye, woh aapko ignore kar ke unke saath bahar zyada aana-jaana pasand karte hain, aap se bahane bana ke jaate hain, phone zyadatar unhi ke saath busy rehta hai—matlab kul-mila ke woh shaqs aap se zyada samay apne best friend ko de rahe hain, toh yeh ek sign hai ki un dono ke beech dosti se kuch zyada hi hai, ya woh aapke saath rehne mein ab aur interested nahi hain.
- Woh samay-samay par, baat-baat pe unse related jhooth bolte hain, cheezein chhupate hain, unke liye bahut zyada ladte hain aap se, ya aap dono saath ho toh woh unke saath khade hone mein zyada proud feel karte hain, unke saath physical connection banane ki koshish karte hain, yeh bhi signs hai ki un dono ke beech dosti se kuch zyada hi hai.
- Agar aapne un dono ki koi conversation padh li hai jisme dosti se kuch zyada hi close hone jaisi baatein ho rakhi hain, ya us dost ke saath conversations deleted hain, to yeh bhi signs hai ki un dono ke beech kuch aisa hai jo woh aapko pata nahi chalne dena chahte.
- Ek insaan ki aankhein aur chehra bahut kuch kehte hain, jab bhi unke baare mein baat hoti hai aap dono

ke beech, toh unke chehre par ek ajeeb sa darr, ek ajeeb si ghabrahat dikhayi zaroor deti hai. Insaan aankhein churata hai jab bhi jhooth bolta hai ya kuch chhupa raha hota hai. Aise signs ko bhi ignore nahi karna chahiye.

- Kabhi bhi aap kuch aisa dekh lo ya sun lo, ya sirf mehsoos bhi kar rahe ho, aur agar aap us baare mein baat karte hain, toh woh ignore karte hain, ya baat ko kaatne ki koshish karte hain, toh yeh bhi ek aisa sign hai jisko kam se kam aap ignore mat karo. Woh is baare mein baat karne se bachna chahenge hamesha. Kyunki baaton-baaton mein aksar insaan kuch aisi baatein bol jaata hai, jo shaq paida karti hain.

  Yeh kuch signs hain jo agar aapko dikhayi dete hain ya mehsoos hote hain, toh kahin na kahin koi na koi baat ho sakti hai un dono ke beech. Lekin agar aisa kuch bhi nahi hai, toh apne dimaag ko shaant zaroor karna. Kyunki kuch na hote hue bhi jo shaq karne lagta hai, woh insaan hota hai. Humari insecurity bahut kuch dikhati hai humein, bahut kuch mehsoos karati hai humein.

Bewajah shaq karna bhi galat hai. Do log sirf dost bhi reh sakte hain, zaroori nahi ki dosti gehri hai toh kuch na kuch hoga unke beech. Bas, har rishte ki ek seema hoti hai, dhyaan rakhein ki woh us seema ko na todein, aur na aap us tooti seema ko nazarandaaz karein.

Partner ke Friend se Pyaar ho Jaana

Ek samay aisa bhi aata hai jab hum apne partner ke kisi dost se attract hone lagte hain. Hum chahte nahi the ki kabhi aisa ho aur na hi hum aaj chahte hain, lekin na jaane kyun koi ek cheez hai jo shayad humein uski ore attract karne lagti hai. Apne partner se bahut pyaar hone ke bawajood bhi humara dimaag na jaane kyun kisi aur ke baare mein sochne lagta hai.

Shayad us friend ka aap dono ki zindagi mein zyada involvement hone ki wajah se aisa ho raha hai ya aapko woh achcha lagne laga ek-do baar mil ke, ya kisi tarah ki madad ke baad uske baare mein aap pehle se zyada sochne lage. Kul mila ke, aap apne partner ke friend ki ore khich rahe hain, woh pyaar bhi ho sakta hai aur sirf attraction bhi ho sakta hai, jo bhi hai, yeh hai toh galat hi. Kyunki, aap aisa karke apne partner ko dhokha de rahe hain, uske sath bewafai kar rahe hain.

Aapka partner jo aap par bahut bharosa karta hai, agar usey pata chalega ki aap uske peeche uske dost ke saath mil jhul rahe hain ya baatein kar rahe hain, aisi baatein jo doston ke beech nahi hoti, jo dosti se badhkar hoti hain, ya aapke baat karne ke peeche ki niyat ab kuch aur ho chuki hai, toh wakayi mein woh bahut toot jayega, kyunki woh shaqs aapse bahut pyaar karta hai.

Agar yeh jaane-anjaane mein ho gaya hai toh chinta ki baat nahi hai. Aapko is naye rishte ko khatam karna hoga, us insaan ke baare mein sochna band karna hoga aur uski taraf jaana band karna hoga. Kyunki is sab ka bura asar padega aapki relationship par.

Issey pehle ki yeh aage badhe, isey wahin rok do, baat karna band kar do us insaan se jiske liye aapke mann mein feelings aane lagi hain. Milna-jhulna band kar do, har tarah se usko door kar do, woh chahe tab bhi, na chahe tab bhi, aap chaho tab bhi, aur na chaho tab bhi. Kyunki yeh sab kuch jo aapka permanent relationship hai, usko barbaad kar dega.

Jitna aap us insaan se baatein karogey, milogey, utni aapki feelings grow hongi aur aap phir control nahi kar paogey apne jazbaat, jo ki bahut galat ho jayega. Jitna dhyaan aap us shaqs ke upar laga rahe ho, ab woh aap apne partner ke upar lagao.

Aap kyun aaj tak apne partner ke saath the? Kyun aapne is rishte ki shuruwaat kari? Kaise yahan tak le kar aaye? Bhale hi mushkil tha safar, lekin jo bhi tha, bahut khubsoorat tha, us har ek baat ko dobara dohrao, aap dono ke beech jo spark tha usey dobara jagao, unse judi saari achchi baatein aur yaadon ke baare mein socho.

Zyada se zyada samay do apne partner ko, unke saath bahar jao, personal time bitao unke saath, unhein achcha feel karane ki koshish karo. Dhyaan dheere dheere hi hatega, lekin yeh sab cheezein jab aap realize karogey, toh apne aap dhyaan aapke partner ke upar aane lagega.

Waqt zaroor lagta hai is sab mein, lekin kam se kam aap ek sahi direction mein hogey, sahi kaam kar rahe hoge, aur is sab se aapki relationship, jo kahin na kahin kamzor ho gayi thi, woh phir se majboot hone lagegi.

Partner ke Friend se Pyaar Hona, Aur Partner ke Saath Rishta Kharab Hona

Ab isi mein baat karte hain doosri situation ki. Maan lein ki, aapke apne partner ke saath relations achche nahi chal rahe hain, aap dono ke beech mein bahut problems chal rahi hain aur din par din badhti ja rahi hain, rukne ka naam hi nahi le rahi. Aur is beech aap apne partner ke friend se milte hain, woh aapko pasand aa jaate hain aur unke liye feelings grow honi shuru ho jaati hain.

Dekho, relationship ko khatam karna aur dobara kisi aur ke saath relationship mein aa jaana, yeh option toh aap kabhi bhi choose kar sakte hain. Agar apne partner ko chhodne ki bajaye ek baar apne partner ke saath jo bhi problems chal rahi hain unke baare mein sochein, aur aap dono milke unhein theek karne ki koshish karein, toh aapko rishta todne ki zaroorat nahi padegi.

Har rishte mein utar chadhav aate hain, aise phases aate hain jab aap apne partner ki shakal dekhna bhi pasand nahi karte, lekin phir bhi rishte ko tod dena ek solution nahi hota. Koshish karo aakhir tak nibhaane ki aur rishte ko theek karne ki, dono milke problems ka solution nikalo taaki aapki relationship healthy reh sake.

Aur ek baat hamesha yaad rakhna, koi bhi insaan perfect nahi hota, jo insaan aaj aapko achcha lag raha hai, perfect lag raha hai, usme bhi koi na koi kami hogi. Toh yeh bhi ho sakta hai ki jiske liye aap aaj kisi ko chhodne ke baare mein soch rahe hain, kal ko phir aise kisi mod par aake khade ho jayein aap ki, usmein bhi aapko kamiyan dikhein.

Lekin agar is sab ke bawajood bhi aap khush nahi hain apne partner se, aur aap dono hi ek doosre se puri tarah frustrate ho chuke hain aur ab raha nahi jaata, ya woh aap par bahut zyada zulm karne lage hain, toh aap ek sahi tareeke se bhi bahar aa sakte hain aise rishte se.

Isme koi shaq nahi hain ki toxic relationships humari zindagi mein zeher ghol deti hain aur humein unhein khatam karna hi chahiye chahe kuch bhi ho jaye, aur agar aapki relationship bhi toxic ho chuki hai toh, aapko bhi bahar aana chahiye aise rishte se, lekin sahi tareeke se.

Apne partner ko dhokha de kar nahi, balki uske saath officially cheezein khatam kar ke, agar aap married hain toh divorce de kar, aur agar aap unmarried hain toh unhein bata ke aur mutually is relationship ko end kar ke. Aur phir uske baad aap akele rahein ya kisi aur ke saath, yeh aapki marzi hai, lekin tareeke se bahar aaiye is rishte se.

Kyunki galat raaste chunna na hi sirf humare andar ek guilt paida karta hai, balki humare karmon ko bhi kharaab karta hai. Humare upar ek tag lag jaata hai ki hum dhokhebaaz hain, aur agar aap ek sachcha pyaar karne wale, mann ke saaf insaan hain, toh aapko yeh tag chain ki neend sone nahi dega. Isliye bahar zaroor nikliye ek toxic relationship se, bas tareeka sahi hona chahiye.

Second Chances

Aksar humare mann mein ek sawaal gunjta hai: '*Kya mujhe usey ek aur mauka dena chahiye?*' Is sawaal ke peeche hum apna dimaag itna kharch karte hain ki hum buri tarah se pareshan ho jaate hain.

Kabhi kabhi humein aisa lagta hai ki kaash upar se bhagwan aake humein humare is sawaal ka jawaab de dein ki humein is shaqs ko second chance dena chahiye ya nahi? Kyunki yeh ek aisa point hota hai jahan se humare relationship ki ek nayi shuruwaat hone wali hoti hai, aur hum is baar chahte nahi ki humse kisi bhi tarah ki koi bhool ho aur na hi hum saamne wale shaqs se umeed karte hain ki woh kisi bhi tarah ki galti kare.

Second chance dena chahiye ya nahi, is sawaal se pehle ye baat samajhna zyada zaroori hai ki jo bhi us insaan ne aapke saath kiya hai, kya woh sab kuch bhool ke woh insaan maaf karne ke layak hai? Agar aapko lagta hai ki haan, yeh aisi cheez hai jo itni badi galti nahi hai us shaqs ki aur usme kabiliyat hai is cheez ko sudharne ki aur apne andar bhi sudhaar laane ki, toh aap zaroor us insaan ko ek aur mauka de do.

Lekin agar aapko lagta hai ki nahi, yeh galti koi galti nahi hai, yeh jaanboojh ke kiya gaya hai aapka dil dukhane ke liye, aur ek bahut badi galti hai jiske liye koi maafi nahi ho sakti, toh aap zaroor us insaan ko second chance mat dijiye. Kyunki har galti galti nahi hoti, aur har galti ki maafi nahi hoti.

Ab sawaal yeh aata hai ki us insaan ne kiya kya hai. Dekho, ek insaan ko maaf tab tak karna chahiye jab tak usne kuch aisi cheez nahi ki hai jissey us insaan ki aapke liye loyalty toot gayi hai. Maan lete hain ki usne aapko cheat kiya aur aapko pata chal gaya, ab wo aapke paas aake aap ko manane ki koshish kar raha hai, maafi maang raha hai, aapke aage gidgida raha hai ki, maaf kar do, aage se nahi hoga.

Aisi situations mein woh insaan na hi aapki maafi deserve karta hai aur na hi second chance. Aap ek baar usey maaf kar dena, lekin kabhi usey second chance mat dena. Apne aap ko aisa shaqs kabhi mat banana jisey koi dhokha de de, lekin woh phir bhi usi ke intezaar mein khada rahega.

Yeh aisa hoga jaise aapne unhein dobara aapko goli maarne ka mauka de diya, kyunki unke pehle waar se aap mare nahi, sirf ghayal hue. Jo shaqs ek baar dhokha dene ki himmat kar sakta hai, woh maafi milne par dobara dhokha dene ki himmat bhi kar sakta hai.

Ab 'cheat' hai kya? Log apne mann se har choti se choti baat ko cheating declare kar deta hain. Kisi aur se baat karna bhi unke liye cheating hai, ya kisi ke saath kahin jaana bhi cheating hai. Aisa nahi hai, cheating sirf woh hoti hai jab unka kisi aur ke saath affair hota hai ek relationship mein hone ke baad bhi.

Woh hosh mein aise kadam utha lete hain jisme unko pata hai ki woh ek saath do logon ke saath physical ya emotional relationship mein hain. Ya ek aisi situation jahan ek insaan doosre shaqs ke peeche kisi galat niyat se laga hua hai relationship mein rehne ke baad bhi.

Agar kisi insaan ke saath unconsciousness yaani behoshi ki haalat mein kuch galat ho jaaye aur usko doosra insaan galat tarah se show kar de aapko, toh woh cheating nahi hogi, kyunki, cheating pure hosh mein hi ki jaati hai.

Aisi kisi situation, jahan par unko fasane ki koshish ki jaa rahi hai fake ya unauthentic proofs ke saath, woh cheating nahi hoti hai. Aisi situations mein galatfehmiyan zaroor ho jaati hain, lekin aapko apne partner ke upar bhi bharosa karna padta hai, agar aapko ye dikhe ki koi jaanboojh ke aap dono ko alag karne ki koshish kar raha hai.

Aisi har situation jahan cheezein jaanboojh kar banayi jaa rahi hain aapke partner ko fasane ke liye un mein second chance deserve karte hain aapke partner, agar yeh saabit ho jaye ki woh doshi nahi bekasoor hain.

Dekhiye, ek cheez samajhni bahut zaroori hai ki rishte bahut naazuk hote hain, bilkul phool ke jaise, unme bahut zyada gunjayish hoti hai toot ke bikhar jaane ki. Kayi baar apne toh kayi baar bahar ke log todne ki koshish karte hain aapke rishte ko. Yahan pe aapko bahut zyada samajhdari ke saath kaam lena padta hai aur samajhna padta hai ki aakhir sahi kaun hai, aapka partner ya woh log jo unhein galat prove karne ki koshish kar rahe hain.

Aisi naazuk situations mein bhale hi dimaag kaafi kharaab ho, lekin faisle soch-samajhke hi liye jaate hain. Isliye kisi bhi haalat mein overthinking na karein aur baareeki se samjhein puri situation ko, har insaan ki baat suniye, apne partner ko bhi suniye aur unko bhi jo aapko unke khilaaf sabut pesh kar rahe hain.

Cheating ke cases mein jaise hi yeh prove ho jaye ki, haan aapka partner galat hai, unhone aapko dhokha diya hai, us case mein aap unhein kisi bhi roop mein second chance mat do aur usey apna break-up hi samjho. Lekin agar yeh prove nahi ho paaya ki aapke partner galat hain toh apne bharose ko tootne mat do aur apne partner ka saath mat chhodo, kisi keemat par nahi.

Baaki cheating ke alawa koi aur situation hai, toh aap unhein ek mauka de sakte hain. Bas depend karta hai ki woh galti kitni baar repeat ho chuki hai, agar bahut zyada baar repeat ho rahi hai toh aap unhein punish karo, thode din na maaf karke, thode din unhein pareshan hone de, unhein tadapne de, kyunki maafi bhi itni asaani se nahi deni chahiye, uske peeche bhi struggle hona chahiye taaki us maafi ke milne ki keemat, uski sahi ehmiyat pata chal sake.

Hum jaldi jaldi maaf kar ke logon ke mann mein aksar yeh ehsaas jaga dete hain ki galti chahe kaisi bhi ho, badi, choti jaisi bhi, maafi toh mil hi jayegi. Logon ko kabhi yeh mat ehsaas hone do ki unhein maaf karna aapki kamzori hai. Unhein yeh ehsaas bhi hona chahiye ki aap se maafi milna ek bahut keemti aur mushkil cheez hai, toh woh shaqs zyada sambhal ke rahega agli baar se.

Aur agar aap ek aisi situation mein aa kar khade ho gaye hain jahan aap us insaan ko pichle kayi saalon se mauke dete aa rahe hain aisi kuch cheezon ko karna band karne ke liye ya rokte aa rahe hain kisi cheez ke liye, uske baad bhi woh shaqs aapko har baar promise kar ke wahi sab karne lagta hai, aur ab aapke bardasht ke bahar ho chuki hain yeh sab cheezein, toh aap usey chhodne ka faisla bhi le sakte hain. Kyunki aap itna toh azmaa chuke hain us insaan ko ki, jis cheez se aapko nafrat hai, jis cheez ke saath aap compromise nahi kar sakte, us cheez ko woh insaan chhodne ke liye tayyar nahi hai, aise mein aapko bhi samajh lena chahiye ki woh jaise hain, waise hi rahenge, ab aapko faisla lena hai ki aap us cheez ke saath compromise karenge, ya unhein chhodne ka faisla lenge.

Conclusion yahi nikalta hai ki overthinking jab baat second chance ki aaye toh itni nahi karni chahiye, uski bajaye yeh samajhna chahiye ki aakhir woh insaan kitna kaabil hai doosre mauke ke, us insaan ne kiya kya hai, aap dono ka bond kaisa hai, kaisi chemistry share karte hain, kaisi relationship hai aap dono ki, us ke basis par hi second chance diya jaata hai.

Sochna zaroori hai, par zaroorat se zyada sochne ki bhi zaroorat nahi hai. Log unpredictable hote hain, kuch nahi pata woh kya kar dein, aur kisi ki stability ki koi guarantee nahi hoti hai. Aap agar aaj kisi ke saath hain, toh aapko apne achche, bure har phase ke liye hamesha tayyar rehna hai. Second chance agar de bhi rahe ho toh yeh soch kar dena ki, puri tarah nirbhar nahi hona hai un par, woh rahein ya na rahein aapke saath, aapko har haal mein apni zindagi mein aage badhna hai.

Khone ka Darr Satana

Kabhi kisi ko khone ka darr sataya hai? Jaise jaise hum kisi ke saath relationship ke safar par chalna shuru karte hain, aage ki ore badhte chale jaate hain, ek saath grow hote hain, waise waise humare andar jo unke liye feelings hoti hain, woh aur bhi zyada strong ho jaati hain.

Un feelings ke strong hone ke saath-saath humara attachment bhi badh jaata hai aur hum unpe kaafi hadd tak depend hona shuru ho jaate hain. Unke liye humare dil mein jo bharosa hota hai, woh bhi majboot hone lagta hai.

Jab yeh relationship achche se aagey badh rahi hoti hai, toh hum puri tarah yeh maan lete hain ki hum ab unke bina nahi reh sakte. Lekin jab hum apne aas-paas couples ke breakup hote dekhte hain, hum alag ho jaane ke, rishte ke toot jaane ke khayal se hi itne pareshan ho jaate hain ki humein unko khone ka darr satane lagta hai aur hum is baat ko soch-soch ke overthink karne lagte hain.

Yeh overthinking, especially kisi ko khone ko lekar jo overthinking hum karte hain, humare relationship ko kaafi zyada ghayal kar deti hai. Uski wajah yeh hai ki jab humare dil mein kisi ko khone ka darr rehta hai, toh humare bartaav mein bhi badlaav aate hain, aur woh badlaav humare partner aur humare beech kaafi problems create karne lagte hain, jiski wajah se humari relationship kaafi bigadne lagti hai.

Humari intentions bhale hi galat na ho, lekin humare actions, humare words aise ho jaate hain ki humare partner aur humare beech kaafi zyada cheezein bigadne lagti hain, ladai-jhagde badh jaate hain, galatfehmiyan hone lagti hain, kaafi kuch hota hai sirf khone ke darr ki wajah se. Yeh ek choti si cheez kaafi zyada problems create kar deti hai isiliye hum isko lekar kaafi pareshan hone lagte hain.

Dekho, sabse pehli aur sabse zyada zaroori cheez jo samajhna behad zaroori hai, woh yeh hai ki na toh hum mein se kisi ne future dekha hai, na hum apne partner ko puri tarah samajh sakte hain, aur na hi hum unke dil aur dimaag ko padh sakte hain. Relationship mein aise kayi mod aate hain jaha humein lagta hai ki hum apne partner ko puri tarah samajh gaye hain, lekin aise bhi mod aate hain jaha woh achanak kuch aisa kar dete hain, jo humne kabhi bure se bure sapne mein bhi nahi socha hota hai, humara pura ka pura bharosa hi toot ke reh jaata hai.

Isliye koi bhi insaan kab tak saath hai aapke, yeh kisi ko nahi pata.

Pata chala aap soch ke baithe ho zindagi bhar ke saath ke baare mein aur aage chal ke kuch galat hua aur rishta toot gaya agle kuch saalon mein hi. Ya aap saari zindagi hi is darr mein jeete reh gaye ki aap unhein kho na dein, aur woh insaan aapke budhape tak saath rahe. Future bahut zyada uncertain hota hai, isliye humein kabhi bhi zaroorat se zyada future ke baare mein nahi sochna chahiye.

Khone ka darr satana banta hai, kyunki aap unke saath physically, emotionally aur mentally har tarah se attached hain. Lekin yeh bhi samajhna zaroori hai ki is darr ko apne upar haavi nahi hone dena hai. Jab bhi yeh darr sataye, us insaan se ek baar baat karlo, communicate karlo, unke paas chale jao, aisa kuch bhi karo jissey unka presence feel ho sake.

Lekin agar kisi wajah se yeh possible nahi ho pa raha hai toh, apne aapko thoda mentally strong karo, khud ko kisi ke upar dependent hone se roko, unki maujudgi ko ek bharose mein badlo. Zaroori yeh hai ki yeh insaan aaj hai aap ke saath, kal jab ayega toh dekhenge, jab tak hai tab tak toh jee lein khushi khushi. Kisi ke saath reh kar usey khone ka darr satana aisa ho gaya jaise aap kisi ke saath ho kar bhi nahi ho.

Log aate hain humari zindagi mein, aur khoob saari yaadein de kar chale jaate hain, aur humara darr baitha ka baitha reh jaata hai. Phir doosri taraf log aate hain humari zindagi mein aur humara saath puri zindagi nibhaate hain aur phir bhi darr humara baitha ka baitha reh jaata hai.

Fark samajh mein aaya? Fark yeh hai ki, kisi ka hona ya na hona aap ke darr se badlega nahi, jisko rehna hoga woh rahega, aur jisey nahi rehna hoga woh chala jayega, aapke usey khone ke darr se rukega nahi, isliye apne darr ko khatam karo, aur apni relationship ko enjoy karna shuru karo.

Yeh baat har tarah ke relationship par laagu hoti hai, chahe woh long-distance relationship ho ya live-in. Long distance mein bhi aksar darr satata rehta hai ki woh humse door reh ke kuch galat na kar raha ho, usey khone ka darr satata rehta hai, jo ki thik nahi hai.

Jab bhi aapka mann kharaab ho khone ke darr ko lekar, aap unse baat kar liya karo, ya unki koi tasveer dekh liya karo, ya koi video clip, aise mein aapka haunsla kaafi majboot hota hai. Iske alawa khudko samjhaya karo ki aaj saath hain toh khush rehna seekho, kal kisne dekha hai?

Aap apne mann ko laakh dara lo, saath nibhane wala nibhata hai, nahi nibhane wala nahi nibhata hai. Halaat saath dete hain tab bhi rishte tootne ho toh, toot jaate hain, aur na dein tab bhi. Relationships bahut hi zyada unstable hote hain, isliye kabhi bhi kisi bhi cheez ko itna bada mat banao mann mein ki, uska bojh bhi na sambhal sako.

Aur zaroori nahi hai kisi insaan ke kharaab bartaav ki wajah se rishte toot te hain, ya bharosa todne ki wajah se toot te hain, kayi baar dono mein se koi galat nahi hota, lekin, phir bhi rishte toot jaate hain. Kabhi society beech mein aa jaati hai, kabhi caste or religion toh kabhi parents hi accept nahi karte is rishte ko. Aisi situations mein bhi ek insaan aap se door ho hi jaata hai jab aap sab kuch kar ke bhi duniya ke aage jhuk jaate hain.

Relationship mein aaj jaisa beet raha hai waisa hi kal ho, aisa zaroori nahi. Agar aap kisi se emotionally bahut zyada attached bhi rahe hain tab bhi, puri tarah se kisi par kabhi bhi dependent nahi hona. Waqt jab tak achcha chal raha hai tab tak toh thik hai, lekin, jab bura aata hai, tabaahi machata hai, aur phir hum khud ko sambhaal bhi nahi paatey. Koshish karo apne mann ko har cheez, har situation ko face karne ke liye tayyar rakho, balance kar ke chalo rishto ko, apni mental stability ko aur apni expectations ko.

Break-up Hona

Ek relationship mein aise kayi mod aate hain jinke liye hum prepared nahi hote hain. Toh bahut si baar humein pata bhi hota hai ki yeh hoga zaroor lekin hum usey kabhi accept nahi kar paate. Aisi situations tab bhi aa sakti hain jab hum relationship mein hote hain, aur tab bhi jab humari relationship unke saath khatam ho chuki hoti hai.

Shayad ab jo main baat karne ja raha hu woh wahi situation hai jisko hum aaye din dekhte hain, sunte hain iske baare mein, padhte hain aur darte hain relationship mein rehte hue ki kahin humein yeh din dekhna na pad jaye.

Break-up. Shayad yeh lafz hi aisa hai jo kitnon ki zindagi badal ke rakh deta hai, kisi ko sahi raah dikha deta hai toh kisi sahi raah chalte shaqs ko bhatka deta hai. Break-up se pehle ki zindagi aur baad ki zindagi mein fark bahut aata hai, kayi baar toh itna fark aa jaata hai ki hum apne aapko hi puri tarah kho dete hain aur chhod aate hain peeche kahin.

Humara nazariya badal jaata hai, humara bartaav badal jaata hai, humari aadatein badal jaati hain, humari soch badal jaati hai aur sab kuch aisa badalta hai ki wapas hum waise reh hi nahi paatey jaise hum hua karte the.

Break-up humein andar se tod zaroor deta hai agar humne bahut zyada shiddat se us shaqs ko chaha tha. Lekin toot kar jab hum dobara judte hain, toh phir toot pana bahut mushkil ho jaata hai.

Bhale hi humara bahut kuch ujad jaata hai, jaise ki bharosa toot jaata hai logon par se, vishwaas uth jaata hai insaniyat se, unki baaton se, unke waadon se, unki mohabbat se, lekin yeh ujda hua sab kuch ek din phir judta hai, ya toh khud judta hai ya kisi ke jodne se judta hai.

Jahan baat overthinking ki aati hai toh shayad aisa koi waqt, koi lamha nahi hota jab hum overthinking na kar rahein ho. Unki judai se sawaalon ke bawandar mein fass ke reh jaate hain. Aise-aise sawaal jinka jawaab sirf woh de sakte hain par phir bhi bahut si baar humein milte nahi, aur mann ke kisi kone mein dabb ke reh jaate hain. Jawaab mil bhi jaaye toh zaroori nahi ki sach hi ho.

Jab hum break-up ke phase mein hote hain toh shayad humein aisa lagta hai ki hum kabhi nikal hi nahi paayenge, na ab kabhi dobara pyaar hoga, na kabhi kisi par bharosa hoga, na hum kabhi aage badh payenge, bas yahin fass ke reh jayenge, bahut saari suffering aur pain mein.

Beshaq ek lambe arse ke liye hum is zone mein chale jaate hain, lekin aisa bilkul bhi nahi hai ki hum fass ke reh jayenge. Jab bhi humare jism mein kahin chot lagti hai, toh humara jism us ghav ko bharne mein waqt zaroor leta hai, par der-saver woh thik ho hi jaata hai. Nishaan bhale hi reh jaye uska, lekin ek din aisa aata hai ki na usme dard rehta hai aur na hi uske jism par hone ka pata chalta hai. Usi tarah jab humara break-up hota hai toh beshaq shuruwaat mein bahut dard hota hai, lekin jaise-jaise waqt beetta hai, hum us shaqs se door hote hain, waise-waise humare zakhm jo break-up ke waqt hue the, woh bhi theek hone lagte hain.

Agar overthinking is baat par karte ho aur yeh sawaal aate hain ki, '*Kya main is sab se bahar nikal paunga?*' ya phir, *'Kya mujhe dobara kabhi pyaar ho payega?'*, *'Kya mujhe dobara kisi par bharosa ho payega?'*, *'Kya meri zindagi mein dobara koi ayega ya main ab bas akela reh jaunga?'*, *'Kya mujh mein koi kami hai?'*

Aise kayi sawaal humein din-raat pareshan karte hain, aur in sawaalo, ke jawaab milte zaroor hain, lekin kaafi waqt ke baad. Hum agar yeh sochein ki turant har sawaal ka jawaab mil jaye, toh woh mumkin nahi hai, kyunki in sawaalon ke jawaab humein zindagi deti hai, waqt deta hai, aur humare experiences dete hain.

Haan, aap dobara pyaar kar sakogey, dobara ek shaqs aa sakta hai aapki zindagi mein, kabhi bhi, kahin bhi, zindagi ke kisi bhi mod pe aapki mulaqat phir kisi se hogi, shayad aaj aapko iski umeed na ho, lekin aisa hoga, zaroor hoga.

Apne dil ko puri tarah zanjeeron se jakad mat lena, usey azaad rakhna, uska khayal zaroor rakhna, usko protect zaroor karna, lekin usko zindagi bhar ke liye qaid mat kar lena. Aisa karogey toh ek aisa insaan jo aapka pyaar deserve karta hai, jo aapko deserve karta hai, aur jisey aap deserve karte ho, shayad aap usey pyaar de nahi sakogey, apna dil de nahi paaogey.

Break-up ke baad zaroor hum apne dil ko lock kar lete hain, aur karna bhi chahiye, lekin bas ek hadd tak, jab humein ek shaqs ke saath ek lamba arsa bitane ke baad yeh dikhe ki haan, yeh hai bharose ke layak, mohabbat ke layak, jo aap ke sirf ek chance ke liye tadpe, usey mauka dena chahiye, kyunki shayad isi cheez ki kami ho gayi hai is zamane mein.

Haan, aapko dobara bharosa ho payega ek naye shaqs pe. Bharosa kispe karna chahiye aur kispe nahi, is baat ka ehsaas toh shayad humein zindagi ke experiences hi karate hain. Apne bharose ko itna azaad aur asaan bhi mat banana ki kisi par bhi ho jaaye, aur aisa bhi mat banana ki kabhi kisi par bharosa hi na ho paaye, bewajah shaq ho aur har baat par ho. Na kisi par itni asaani se bharosa karo, aur na hi umeedon ke pul bandho.

Waqt lo kisi insaan ke saath reh kar usey parakhne ka, usey samajhne ka, uski soch kaisi hai, uski personality kaisi hai, is sab ko samajhne ka waqt lo. Aisa na ho ki abhi baat kare hue thode din ya hafte hi beete hain aur aap unki meethi-meethi baatein aur actions pe vishwaas karne lago.

Shuruwaat mein sab achha hi dikhate hain apne aap ko, koi apni kamiyon ko aapke saamne pesh nahi karega, koi apni kharaab aadaton ki itni asaani se bhanak nahi lagne dega. Waqt lagta hai logon ko apne asli rang-roop dikhane mein. Isliye kabhi bhi kisi ke saath relationship mein kuch chand baaton aur mulaqaaton ke turant baad nahi aana chahiye.

Waqt lo unko parakhne ka, samajhne ka, unke actions kya keh rahe hain, unki niyat kis taraf jaati nazar aa rahi hai. Doubt ho toh thaam lo khud ko, jaldbazi mein koi faisla mat lo, sawaal zindagi bitane ka hota hai, toh itni asaani se aur jaldi lena bhi nahi chahiye faisla. Bharosa hota hai, jab sab kuch sahi lagta hai toh bharosa bhi apne aap ho jaata hai, jo ek waqt pe lagta tha ki, dobara kabhi hoga nahi.

Haan, dobara koi na koi kabhi na kabhi aayega. Humari zindagi kisi ke jaane se thamti nahi, log aate hain aur kabhi na kabhi jaate bhi hain, yahi sach hai. Kaun ayega, kab ayega, yeh toh kisi ko nahi pata, lekin jab jo kismat mein hoga woh aayega zaroor, milega zaroor aur rahega bhi zaroor. Lekin kisko mauka dena hai aur kisko nahi, yeh soch-samajhke faisla lena, kyunki har woh insaan jo aapko vishwaas dilane ki koshish kare ki, woh aapke liye sahi hai, ya dil jeetne ki koshish kare, zaroori nahi ki wahi hai woh shaqs jiske saath aapko zindagi bitani chahiye. Log sirf aapko paane ke liye, ya aap ka galat fayda uthane ke liye, ya aapko istemal karne ke liye kisi bhi hadd tak chale jaate hain. Bas humein khaas khayaal rakhna hai apna, aur apne dil ka.

Kami ho bhi sakti hai aur nahi bhi. Aisa zaroori nahi ki samne wala shaqs agar break-up karke chala gaya toh wahi galat tha. Galat aap bhi ho sakte hain aur woh bhi, kami aap mein bhi ho sakti hai aur unme bhi. Kayi baar humein pata hota hai ki hum mein koi kami hai jiski wajah se humne unhein khoya, toh kayi baar hum anjaan hote hain apni kamzoriyon aur kamiyon se.

Perfect toh koi bhi nahi hota, hum sab mein koi na koi kami hoti hai, kuch hum sudhaar lete hain toh kuch humare bas mein nahi hoti, humari banawat hi aisi hoti hai. Humein hamesha apni kamiyon ko sudharne par focus karna chahiye. Agar kisi ko apni kisi kami ki wajah se khoya hai toh kasam kha lo aur us kami ko thik karo, kyunki, jaise aapne unhein khoya hai, aap aage kisi aur ko bhi kho sakte hain, jo ki thik nahi hai.

Lekin, kami kya hai? Agar koi insaan aapko yeh ehsaas dila kar ja raha hai ki aap mein khubsoorti ki kami hai, toh aisi situation mein aap mein khubsoorti ki kami nahi, balki us shaqs mein achchi soch aur achche nazariye ki kami hai. Jo insaan apne hi pyaar ko khubsoorat na bol ke badsoorat bole, woh shaqs aap se kabhi dil se pyaar na kar sakta hai aur na karega.

Humari shaklon aur jism ki banawat se humari khubsoorti nahi batayi jaati, humare mann ki safai aur achchi soch se hum khubsoorat bataye jaate hain, aur agar us shaqs mein itni bhi akal nahi hai toh aap itne immature aur ghatiya soch ke insaan ke saath reh kar apna waqt zaya kar rahe ho aur kuch nahi.

Agar aapne apni kisi kharaab aadat ki wajah se kisi ko khoya hai tab zaroor aapko apni us aadat ko khatam karna chahiye aur apne aapko sudhaarna chahiye taaki dobara mauka milne par unhein ya kisi aur ko unhi aadato ki wajah se na kho sakein.

Kayi baar log aapko blame karke chale jaate hain aur aap is soch mein doob jaate ho ki kya mujh mein koi kami hai? Ya kya maine sab galat kiya tha? Jaise jaise hum mature hote hain, waise waise humein sahi aur galat mein fark samajh aane lagta hai.

Aur jab aapko yeh fark samajh aayega, toh yeh bhi pata chalega ki aapne wakayi mein kuch galat kiya tha ya woh bas blame game khel rahe the, taaki woh bure na ban sakein aapki nazron mein.

Kuch logon ki fitrat hoti hai doosron ko unhi ki nazron mein girane ki, aur kuch logon ka nazariya hota hai khud ki galti na manne ka, ya ye na manne ka ki woh galat hain. Aapko aise mein khud pe blame nahi lene chahiye aur samajhna chahiye ki usey bas jaana tha toh badnaam kar ke chala gaya. Zaroori thodi hai ki agar koi kahe ki aap mein koi kami hai toh sach mein koi kami hogi hi. Kami usme bhi ho sakti hai aapko sahi nazariye se na dekh paane ki, ya na samajh paane ki.

Thande dimaag se sochoge toh woh har sawaal jisne aapki neend-chain sab chheena hua hai, uska jawaab aap hi ke paas hai. Bas humare saath dikkat yeh hai ki jab tak woh jawaab humari nazron ke samne na aa jaaye, tab tak hum bechain hote rehte hain, overthinking karte rehte hain.

Apne dimaag ko zara shaant karo, har sawaal ka jawaab waqt ke saath-saath mil jayega. Jo cheez life mein ab important hai us cheez pe focus karo aur waqt ko waqt do, waqt sab kuch theek kar dega.

Waqt har marz ki dawa hoti hai. Jab humein aisa lagta hai ki kuch thik nahi hoga, ya sab kharaab ho gaya, waqt ke saath saath zindagi wapas track par aa jaati hai, jo bhatke hue hum chal rahe hote hain, woh waqt ke saath saath sahi direction mein aa jaate hain. Bilkul pareshan hone ki zarurat nahi hai, aur bilkul bechain hone ki bhi zarurat nahi hai.

Is guzarte waqt mein aap ke andar bahut saare changes aa rahe hain, jo aapki aage ki zindagi ko behtar banayenge.

Break-up se hum bahut kuch seekhte hain, khud ko importance dena, self-respect ko banaye rakhna, woh saari galtiyan jo humne kari thi us relationship ke dauran, unko sudhaarna. Yeh sab hota hua bhale hi dikhe nahi, lekin jab aaj se do-teen saal baad zindagi ke kisi modh pe ruk kar sochogey, toh dekhogey ki kahan se kahan aa gaye aur kitna kuch badal gaya us sab ke baad.

Break-up jab bhi hota hai toh uska koi na koi reason bhi hota hai, kya wajah thi jo us shaqs ne aapka saath chhoda, agar usne aapko chhoda hai aur wajah kuch bhi ho, toh thik hua. Kyunki, aisa insaan jo aaj aapka saath chhod sakta hai bhale hi kisi majburi mein hi sahi, toh aisa insaan aapka saath kabhi bhi, zindagi ke kisi bhi mod par, chhod sakta hai.

Aise mein khud ko yeh ehsaas dilana bahut zaroori hota hai ki jo bhi hua, achche ke liye hua. Aise log humein chhod sakte hain kabhi bhi aur jo aisa kar sakte hain, unke saath humein zindagi bitane ka faisla nahi lena chahiye, woh shaqs thik nahi hain.

Zindagi mein aane wala har shaqs kabhi na kabhi saath chhodta hai, koi bahut jaldi toh koi bahut der mein. Beshaq, hum unke saath jab waqt bitate hain, toh bahut saari khatti meethi yaadein bhi banate hain, aise kayi kisse bante hain humare unke saath jo kahin na kahin humare zehen mein reh jaate hain. Kuch baatein, kuch yaadein humein pareshan bhi karti hain, lekin dheere dheere woh sab kuch kisi kone mein dab jaata hai. Hum zindagi mein jitna aage badhte chale jaate hain, woh sab kuch humare khayalon se gayab hone lagta hai.

Khatam nahi hota, bhulte hum kuch nahi, na kisi shaqs ko, na uski di hui yaadon ko, na uske diye hue zakhmon ko. Lekin ek waqt ke baad woh sab kuch jo aaj humein pareshan kar raha hota hai, usse fark padhna band ho jaata hai. Na hum us baare mein sochte hain, kabhi kisi roz khayaal aa bhi jaaye, toh woh humein itna bechain nahi karta.

Overthinking mat karo, aur khud ke saath waqt bitao, thoda logon ke saath waqt bitao, apne doston, apni family ke saath waqt bitao. Woh sab kuch karo jo aapko karna achcha lagta hai, jisse aapko khushi milti hai, jo aapko woh shaqs rokta tha karne se, ya jo aap waqt rehte kar nahi paaye. Khud ko pehchaano, apni personality ko improve karo, aur waqt ko waqt do. Dekhna, ek din sab thik ho jayega.

CHAPTER 3

Family Se Judi Overthinking

Humara sabse pehla rishta humari family se hota hai. Humari family jisme hum apne maa, baap, bhai, behen, etc. ko ginte hain. Humari family mein aapas mein hum bahut pyaar se rehte hain, lekin jahan bahut zyada pyaar hota hai, wahan ladaiyan bhi hoti hain, galat fehmiyan bhi hoti hain. Humari family se humari bahut si problems connected rehti hain, phir woh chahe emotional ho, financial ho, ya aapas mein bond ki ho, aisi kayi baatein hoti hain jinki wajah se hum kahin na kahin overthinking karna shuru kar dete hain.

Aagey hum aisi kuch situations ki baat karenge jo ki bahut zyada common hain. Hum sabse zyada overthinking inhi situations mein karte hain. Toh dhyaan se padhiye ek-ek baat. Unhe samjhein, aur implement karne ki puri koshish kariye, taaki aisi situations se bahar aa sako jitni jaldi ho sake.

Padhai Ko Lekar Overthinking

Sab pareshaniyon mein se ek sabse aam pareshani hoti hai padhai ki. Phir woh chahe humare academics score ho ya future ko lekar ho. Humare parents humein kaafi pressurize karte hain achhe marks laane ke liye, standard mein first aane ke liye, par woh yeh nahi samajh paate hain ki har bachche mein same capabilities nahi hoti, sabki kabiliyat alag hoti hai, kisi bachche ka dimaag kisi cheez mein tez hai, toh kisi ka kisi aur cheez mein. Yahan har bachcha first nahi aa sakta.

Agar bachcha first nahi aata toh woh darate hain, dhamkate hain, maarte hain, jiski wajah se ek student tension mein aa jaata hai aur overthinking karne lagta hai, aur us overthinking ki wajah se padhai mein dhyaan nahi laga paata.

Padhai zaroori hai—aisa nahi hai ki bina padhe-likhe sab kuch haasil ho jayega. Padhai likhai zaroori hai, score karna bhi zaroori hai aur apna 100 per cent dena bhi zaroori hai. Is baat ki chinta mat karo ki first nahi aa paaye toh maar padegi, ya fail ho gaye toh maar padegi. Apne dimaag ko shaant kar ke padhai pe dhyaan lagao, toh apne numbers ko pichli baar se behtar kar sakoge, lekin agar isi cheez pe overthinking karte reh gaye to upar jaane ki bajaye neeche reh jaogey.

Overthinking mat karo apne academics ke score ko lekar, ya results ko lekar. Apne dimaag ko shaant kar ke dhyaan lagao padhai mein. Jis waqt padhai kar rahe ho, us waqt kisi cheez ke baare mein mat socho, na future ke baare mein, na score ke baare mein, na relationships ke baare mein, kisi tarah ka self doubt karne ki zaroorat nahi hai. Parents kuch bolein toh unhein samjha dena ki aapne apna 100 per cent diya hai, aur is race mein sab first nahi aa sakte, aur zaroori nahi hai first aane wala student sabse zyada hoshiyar hi ho.

Sirf kaabil banne pe dhyaan lagao, kamyab banne pe nahi. Jitni kam umr mein apni kabiliyat pehchaan loge, utni zyada unchi udaan bharne ke kaabil ho jaogey. Agar kisi subject ko padh rahe ho toh usey sirf pass hone ke liye mat padho, usey ratto bhi mat taaki sab yaad reh jaye. Usey samjho, ussey jo knowledge gain kar sakte ho woh gain karo. Bhale hi scores itne achche na ho, par aapki knowledge zaroor badhegi. Jitni zyada knowledge gain karogey tarah tarah ki cheezon ko lekar, utne zyada hoshiyar banoge. 100/100 toh ratt ke bhi aa jayenge, lekin, 100/100 wali knowledge ratt ke kabhi nahi aayegi.

Agar padhai par focus karne mein dikkat ho rahi hai, toh aagey likhe hue kuch zaroori points padh lo, aur waqt lekar inhein amal karne ki koshish karo, yeh bahut madadgaar sabit hongey aur aap padhai par focus bhi kar sakoge.

Sabse pehle, agar ghar mein padhai kar rahe ho toh padhai ke liye ek aisi jagah dekho jahan aapko koi disturb na kar sake, jahan chair aur table rakhe ho aur aap unpar baithke har roz dhyaan laga kar shanti mein padh sako.

Let kar padhai mat karo. Let kar padhai kabhi nahi ki ja sakti hai, hamesha chair par baith kar hi woh kaam ho pata hai jis par focus karne ki zaroorat padti hai. Agar aap let kar padhenge toh aapki body rest karne wali situation mein aa jayegi aur aap padhai karne ki jagah kharrate maar ke sona shuru kar doge.

Apne dimag mein ek goal set karo ki aapko kitne samay mein kya haasil karna hai. Bina goal ke padhai karne se aap kabhi kisi bhi subject ko samay par finish nahi kar sakte, isliye ek goal set karna bahut zaroori hai. Goals set karne ke baad unhein likh lo kahin aur ek date set kar do ki kaunsa goal kitne din mein achieve karna hai. Issey aap aur bhi zyada dhyaan se kaam kar sakoge.

- Ek strict schedule hona bahut zaroori hai. Agar aap samay ka dhyaan rakhte hue padhai nahi karoge, toh aap kabhi bhi achche se padhai nahi kar payenge. Apne aapko prepare kariye us schedule ke according aur samjhaiye khud ko ki jis waqt padhai karne baithoge, us waqt na kisi se baat karoge, na kisi ko sunoge aur na phone use karoge agar zaroori nahi hai toh!
- Yeh point unke liye jo pyaar aur relationships ki wajah se focus nahi kar paate hain. Dekho, apne partner ko yeh cheez clear kar do ki jab padhai karoge, toh bilkul bhi disturb na karein woh, aur na aap unse baat karoge apni taraf se, jab tak bahut zaroori na ho. Aur agar koi relationship mein bahut dikkatein chal rahi hain aur aapka exam time hai, toh aap apni relationship se break le sakte hain kuch samay ke liye, taki aap araam se focus kar sakein padhai par.

- Lagatar padhai karne ke baare mein mat socho, beech beech mein breaks lene bhi zaroori hote hain, jaise agar 45 minutes lagatar padhai kar li, phir 5 minutes ka break lekar phir continue karo. Aur proper timer ke saath aisa karo, issey aap ka focus aur bhi zyada strong ho jayega.

Overthinking karne ki jagah solutions dhundna shuru kar do. Agar sirf problem ke baare mein sochte rahoge toh solution kabhi nahi dhund paaoge. Logon ki pareshani hi yahi hai ki woh sirf problems ke baare mein sochte hain. Agar hum jitna dimag problems ke upar kharch kar rahe hain, utna dimag solutions pe kharch karein, toh zaroor humari problem solve ho jayegi aur hum ek baar phir tension free ho sakenge.

Family Members Ke Beech Pareshaniyan

Family ke beech hone wali pareshaniyon ki seema yahan tak nahi hai. Humari family mein bahut alag alag tarah ki pareshaaniyan ho jaati hain, jo seedhe humare mind pe attack karti hain, jiski wajah se hum bahut sochna shuru kar dete hain. Phir woh chahe family ke kisi member se aapsi nok-jhok ho ya alag tarah ke ladai-jhagde.

Aksar agar humara kisi se jhagda ho jaata hai ghar mein toh hum bahut sochne lagte hain, chahe kisi ne bhi galti ki ho, aapne ya unhone. Jab aap karte ho galat toh kayi baar aapko mehsoos ho jaata hai ki aapne kuch galat kiya hai, toh kayi baar aapko yeh mehsoos nahi ho paata, aur kayi baar toh samne wale ke galat karne pe sochne lagte ho ki unhone aisa kyun kiya humare saath.

Koi baat boli toh kyun boli, kuch kiya hai toh kyun kiya hai, baat chahe kuch bhi ho, hum apne dimag ko shaant karne mein nakamyab ho jaate hain aur soch soch ke apne sar mein dard kar lete hain.

Jab bhi ghar mein kisi se jhagda ho jaye, hamesha ye socha karo ki kahin galti aap se toh nahi hui hai. Agar aap kuch galat kar rahe ho toh bina soche-samjhe maafi maangne chale jao, apno ke aage apni hi galti par jhukne se koi insaan chota ya bada nahi ho jaata.

Zindagi mein ek baat hamesha yaad rakhna—agar aapko yeh ehsaas ho jaye ki aap galat ho kisi situation mein, ya aapne kuch galat kiya hai, toh kabhi bhi maafi mangne se peeche mat hatna, us waqt aapka ego beech mein nahi aana chahiye. Kyunki insaan ka ego ek din usi ka dushman ban jaata hai, rishte bante kam hain aur toot zyada jaate hain ego mein, aur achche-bhale rishte ka tootna koi achchi baat nahi maani jaati. In phool se rishton ki kadr karna seekho.

Agar galat koi aur hai toh us shaqs ko mauka do ki woh aap se aake maafi maang sakein, par iske liye bhi overthinking karne ki zarurat nahi hai. Unhein jab ehsaas ho jayega woh maafi maang lenge, aur agar wo ghar ke bade hain aur baat koi choti-moti hai, toh aap us relation mein gap mat lekar aao aur unse is baare mein baat zaroor karo.

Jab tak aap dono ke beech mein kisi bhi tarah ka communication nahi hoga, tab tak aap sochte rahenge us baare mein, aur sochte-sochte apne dil aur dimag par ek bojh bana lenge. Aur jab hum kisi ke baare mein gusse mein ya ladai ke baad sochna shuru karte hain toh uske baare mein positive kam negative zyada sochte hain.

Kabhi kabhi sirf baat karne se badi se badi ladaiyon ke solution nikal aate hain, isliye ek mauka zaroor dena chahiye khud ko aur doosre insaan ko bhi. Agar woh aaye hain toh unki baat suniye, aur agar aap ja rahe hain toh zaroor baat kariye, aapke ashaant mann ko shanti milegi.

Family Mein Financial Problems Aana

Agar aapki family mein kisi bhi tarah ke financial issues chal rahe hain, toh aap is baare mein overthinking bahut karte honge. Financial issues do tarah ke hote hain—ya toh woh jo shuru se hi rehte hain, ya woh jo achanak kisi haadse ki wajah se ho jaate hain. Chahe woh lambe arse se chale aa rahe hain, ya woh achanak hue hain, unka asar bahut gehra hota hai ghar ke sabhi members ke upar. Parents ho ya unke bachche, puri family ko hi suffer karna padta hai is cheez se. Agar parents hote hain toh woh ye sochte rehte hain ki kaise wo finances ki dikkat ko thik karein aur apne bachchon ko achcha present aur future de payein, unki needs puri kar payein. Aur bachche ye sochte hain ki hum kaise apne parents ko financially support kar sakte hain, aur kaise hum apni zaroorat aur shauk pure kar sakein.

Financial problems humare mind ko bahut buri tarah se attack karti hain aur humein bahut gehri soch mein le doobti hain ki hum kaise issey bahar niklein. Dekhiye, financial problems kam samay mein thik nahi hoti, unko thik hone mein waqt lagta hai.

Aapka pareshan hona laazmi hai, lekin dhyaan rakhna is cheez ka ki jab tak mentally fit rahoge, tab tak har problem ke solution der saver nikaal hi loge. Lekin agar mentally unfit ho gaye, dimaag pe gehra asar pad gaya is cheez ka toh aapki problem ka koi solution nahi niklega aur suffering badhti chali jayegi.

Agar aap is waqt padhai kar rahe ho, school ya college mein ho, toh aap padhai pe dhyaan do, khaas kar tab jab aap school mein ho. Aapke parents dheere dheere kar ke track par le aayenge is problem ko.

Agar aap college mein ho toh aap phir bhi kuch part-time job karke ya online kisi tarah se income source generate kar sakte hain, zamana kaafi aage badh chuka hai, bahut kam umr se hi bachche online paise kamana shuru kar dete hain. Agar aap manage kar sakte hain toh zaroor kariye, par is cheez ko lekar zyada overthinking mat kariye.

Agar aap aisi situation mein hain jahan aap kaabil ho kar bhi income generate nahi kar pa rahe hain, toh bhi is cheez ko samjhiye ki galti kahan ho rahi hai, agar kisi tarah ki job dhundne mein dikkat aa rahi hai ki job nahi mil rahi, toh aapko patience rakhne ki zaroorat hai. Job na hi itni jaldi milti hai aur na hi itni asaani se lagti hai. Mehnat karni padti hai, patience rakhna padta hai. Waqt zaroor lag sakta hai, 2-4 mahine ya ussey bhi zyada, par is problem ka solution nikal hi aayega.

Paise kamana bahut zaroori hota hai, duniya jahaan ki zarooratein hoti hain humari jo hum paison se hi puri kar sakte hain, par samajhne ki baat yeh hai ki agar mentally fit nahi hoge to paise kamane mein bhi problems aayengi. Isliye apne aap ko mentally fit rakhna bahut zaroori hai. Problem ka solution toh seconds mein mil jayega, par is problem ko solve hone mein time lag sakta hai, jo time aapko apne aap ko, apni zindagi ko dena hoga.

Agar aapke paas filhal koi talent nahi hai aur aap nahi samajh pa rahe ki aap kaise income generate kar sakte hain to aise mein sirf aur sirf apni padhai par focus karna chahiye. Achchi padhai karogey toh job bhi achchi lagegi aur financial problems bhi solve kar sakoge family ki.

Agar aap apni family ko support nahi bhi kar pa rahe ho kisi bhi wajah se, toh bhi yeh samajhne ki bahut zyada zaroorat hai aapko ki har cheez jo hum chahe, jab chahe, ya jis cheez ke peeche hum bhaagein, woh tab hi mil jaye, woh sab kuch tab hi ho jaye, aisa zaroori nahi. Kuch cheezon ka ek waqt hota hai, zindagi mein har cheez ki ek timing hoti hai, zabardasti karne se ya un cheezon ke na hone par overthinking karne se bhi koi solution nahi nikalta.

Aise mein insaan galat raaste chunne lagta hai. Paise kamane ke galat raaste ya asaan raaste mat chuno, izzat se kamana, jab waqt aaye tab kamana, aaj jo zaroori hai, wahi karo. In baaton ko mehez padhna nahi hai, inhein samajh ke dheere dheere in par amal bhi karna hai, tabhi zindagi ko khushi-khushi jee sakoge.

Family Members Ke Reactions

Yeh toh raha financial issues ke peeche overthinking karna. Kayi baar hum is cheez par bhi sochna shuru kar dete hain ki humare family members ke reactions kaise honge. Jaise aksar hum se kuch galat ho jaata hai, ya kisi tarah ka koi nuksaan ho jaata hai, ya hum kuch batana chahte hain hum apni family ko toh hum unse discuss karne se ghabrate hain.

Humein lagta hai ki agar hum is cheez ko apni family se discuss karenge toh woh overreact karenge ya humein samajh mein nahi aata ki woh kaisa react karenge, aur hum is cheez ko lekar kaafi zyada sochne lagte hain, or woh tension humari mental peace ko chheen leti hai.

Chahe kuch bhi hua ho, aap jis insaan se share karne se darr rahe hain, aap himmat karke uske paas jaiye, ya usey message ya call kariye, aur ussey kahiye ki, 'Mujhe aap se kuch zaroori baat karni hai.'

Jab woh aap ke saath akele mein ho aur aapko sunne ke liye ready ho, toh aap unse share karne se pehle apni puri situation samjhaiye ki aap kyun chhupa rahe the, kyun aap bata nahi paaye, kyun aapko darr lag raha tha batane mein. Share karne mein jab hum apne na batane ki wajah kisi ke saath share karte hain, toh wo shaqs thoda calm down ho jaata hai, usey ye mehsoos zaroor hota hai ki uske darr se uska apna ussey khulne mein darr raha hai, apni cheezein batane mein darr raha hai aur cheezein chhupa raha hai.

Aksar yeh feeling saamne wale shaqs ke mann ko shaant kar deti hai, woh shaqs aapki puri baat sun paata hai aur bahut si baar uska reaction bhi theek ho jaata hai. Yeh cheez bahut baar work karti hai, isliye isko aazma ke dekhna zaroor chahiye. Mujhe pata hai, bahut himmat chahiye hoti hai is sab mein, par dekho, himmat karna zaroori hai. Jab tak himmat nahi karogey, tab tak cheezein asaan nahi hongi, humesha mushkil lagti rahengi aur suljhengi bhi nahi.

Agar woh aapko daantein, toh daant kha lo, kabhi bhi unki daant se daro mat kyunki daant khaane se aapke mann mein ek darr baith jayega us galti ko kabhi na dauhrane ka. Daant khaane se hum bhatakte nahi, kuch daant zindagi ke sabak ban jaati hain, isliye daant khaane se mat daro. Kaan kheech kar jo gyaan milta hai, woh humesha yaad rehta hai.

Agar kuch galat hua hai toh uske anjaam ka bhi saamna karna seekho, warna yeh ehsaas nahi hoga ki jo hua tha woh kitna galat tha. Aksar yahi hota hai, hum galtiyan karte toh hain, aur us waqt seekh bhi lete hain, par kayi baar hum wahi galtiyan dobara dauhrate hain kyunki humein yeh ehsaas nahi ho paata ki wo galti kitni zyada badi thi.

Galti karne ke baad se kisi ke reaction tak ka jo safar hota hai, woh hota toh bahut mushkil or overthinking bhara hai, par maze ki baat yeh hai ki yeh safar kam kiya ja sakta hai, bas humare darr ki wajah se yeh safar lamba hota chala jaata hai aur hum fass ke reh jaate hain.

Sach bata dena, apni galtiyon ko na chhupana, yeh kuch aisi aadatein hain jo insaan ko jitni zyada jaldi aa jayein utna achcha hai. In aadaton ki wajah se humara mann bahut shaant rehta hai. Humare dimaag ki shaanti bahut zaroori hai. Jab bhi hum disturbed hote hain, hum ya to galtiyon pe galtiyan karte chale jaate hain, ya overthinking karne lagte hain.

Parents Ka Attention Na Milna

Family problems mein ek problem yeh bhi hoti hai, parents ka attention na milne ki, unse pyaar, respect na milne ki, unse importance na milna. Agar aapke parents ne bachpan se hi aapko kabhi woh pyaar nahi diya jo aapne aur bachho ko milta dekha hai, jo aapne padha hai, suna hai, dekha hai, uske badle mein aapko woh sab kuch mila jo bahut galat aur berehmi bhara tha, toh aapki soch par, aapke mann par, aur aapke dimaag par is cheez ka bahut gehra asar hua hoga.

Uski wajah yahi hai ki humne bachpan se hi yeh cheez suni hai, padhi hai, aur apne ghar ke alawa bahut se gharo mein dekhi hai ki, bachchon ko maa-baap se bahut pyaar milta hai, itna pyaar milta hai, itni achchi seekh milti hai ki, woh apne maa-baap mein hi bhagwan ka roop dhoond lete hain, par kya sabke maa-baap bhagwan ka roop hote hain?

Nahi, sabke nahi hote, kuch ke maa-baap jaan ke pyaase hote hain apne hi bachchon ki, unhein koste rehte hain, unko lekar pachhtate rehte hain ki ye kyun paida ho gaya, iske paida hote hi maar dena chahiye tha, apne bachchon ko bojh jaisa mehsoos karate hain kuch parents. Is sab ka bahut gehra asar padta hai bachchon ki parvarish par, unki soch hi kuch aur ho jaati hai, unke liye pyaar ki tadap aisi badhti hai ki, woh bhatake reh jaate hain pyaar ki talaash mein.

Agar aap ke saath bhi yahi situation hai jahan aapke parents aapko pyaar nahi karte, toh ab aisa toh nahi ho sakta ki aap kuch karo aur woh aap se pyaar karna shuru kar dein. Aapne bachpan se koshishein ki hongi ki aap unke dil mein apne liye jagah bana sako, unhein ehsaas dila sako ki aapko bhi unke pyaar ki zaroorat hai.

Par uske baad bhi woh kabhi yeh nahi samajh paye, aur woh waise ke waise hi hain, toh aise mein bas aap yeh kar sakte ho ki khud ko samjhao, maa-baap se pyaar milna shayad aapki kismat mein nahi tha. Par aap is cheez ko bahut achche se samjha sakte hain khud ko ki aap jab ek parent banenge tab aap apne bachche ko maa-baap ka pura pyaar denge, us pyaar mein koi kami nahi chhodenge.

Filhaal, aapka maqsad sirf itna hi hona chahiye ki aapko achchi padhai karni hai, apne aapko kaabil banana hai, aur is ghar se door apni nayi zindagi ki shuruwaat karni hai. Aapki life ka sabse bada goal yahi hona chahiye taaki aap khush reh sakein aur apne se jude logon ko bhi khush rakh sakein.

Toh kya hua agar aapko pyaar nahi mila, aapko jo nahi mila wo dene ke kaabil aap hote hain, maa-baap ka pyaar nahi mila, lekin, aapki zindagi mein aap achche parent baniye, taaki aapke bachche aisa feel na karein ki unhein bhi maa-baap ka pyaar nahi mila.

Jo humari kismat mein nahi usey kosne se kuch fayda nahi, usey zabardasti paa bhi nahi sakte aur zabardasti haasil kari hui cheezein bhi nakli hi hoti hai, unme bilkul bhi sachchai nahi hoti. Isliye natural cheezon par vishwas rakho, naturally kuch aa raha hai toh aane do, aur jo kabhi naturally nahi aa saka, usey zabardasti haasil karne ki koshish mat karo.

Bhed bhaav bhi bahut hota hai bachchon mein, jo bachchon ko mehsoos ho jaata hai. Jaise ek family mein do bachche hain, ek ladka aur ek ladki, aur aisi kuch baatein hoti hain jin baaton par ladkon ko allow kar diya jaata hai aur ladkiyon ko restrict kiya jaata hai. Iski wajah se ladkiyon ke dil mein yeh baatein bachpan se hi chubhne lagti hain ki duniya toh bhed-bhaav karti hi hai, apne ghar mein bhi ye sab ho raha hai, jiski wajah se wo ladkiyan kaafi overthinking karne lagti hain.

Ab is cheez pe overthinking karne se kuch solution nahi niklega. Yeh hum se pichli generation ki soch thi, kyunki yahi chala aa raha tha. Equality ki baat toh humari generation se uthni shuru hui hai, aur agar humari generation ne is cheez ka ehsaas kiya hai toh zaroor humari aane wali generation is cheez ko bahut kam face karegi.

Jaisa ki maine pehle bhi kaha, short-term solution nahi hota har cheez ka, kuch solutions long term hote hain, aur saalon mein amal ho paate hain. Isliye in sab cheezon pe overthinking nahi karni chahiye.

Family problems ki toh koi limit nahi hoti, par humari soch ki ek limit honi chahiye, agar hum us par limit nahi lagayenge toh humari life mein problems humein unlimited lagne lagengi.

Kuch problems toh normal hoti hain family ke beech, lekin kuch problems kaafi badi hoti hain jinka short-term solution nahi hota hai, woh long term hi hoti hain. Isliye family se related problems ko bahut hadd tak solve kiya ja sakta hai. Jinko solve kiya ja sakta hai, unhein solve karo aur overthinking karna band karo. Aur jinka koi solution nahi, un problems ke baare mein soch-soch kar apna waqt zaya mat karo.

Apne goals pe dhyaan do, apni life ko enjoy karne ke tareeke banao, logon se baat-cheet karo, achche aur positive logon ke saath raho, negative aur bure logon ke saath nahi, family problems dimaag par asar kam karne lagengi.

Main yeh kabhi nahi kehta ki doosron par depend karna shuru karo, ghar ke bahar bhi itni achchai nahi hai. Lekin apne aap ko distract karne ke liye aap thoda bahut socially apne aap ko involve kar sakte ho, apne doston ke saath waqt bita ke, apne kareebi logon se baat karke, apni problems share karke, bas badle mein unse kuch expect mat karna. Dekhna, mann halka bhi hoga aur zarurat se zyada sochoge bhi nahi.

Family Members Ke Health Issues Hona

Jab bhi humare parents ke saath health issues hote hain toh hum bahut pareshaan ho jaate hain. Maa, baap, bhai, behen ya koi bhi important family member bahut aham hote hain humari zindagi mein, aur jab in khaas logon ke saath koi bhi pareshaani ho jaaye, koi bhi takleef ho jaaye, toh hum bahut zyada pareshaan ho jaate hain ki kahin kuch galat na ho jaaye, kisi ki tabiyat zyada na bigad jaaye, ya koi bimaari zyada na badh jaaye.

Is tarah ke khayaal aana bahut laazmi hota hai, uski wajah hai humara humari family members ke saath pyaar aur attachment. Bhale hi humari kisi ke saath achchi banti ho ya nahi, par phir bhi, jab baat apne family members ki health ki aati hai toh humara mann bahut pareshaan ho jaata hai, ulte-seedhe khayal aane lagte hain aur chinta hone lagti hai.

Is cheez ki overthinking ko control karne ke liye sabse pehle aapko yeh samajhna hoga ki humare haath mein kuch cheezein hoti hain aur kuch cheezein nahi. Kabhi kabhi humare bas mein hota hai ki hum kisi ki taraf dhyaan de kar uski bimari ya jo bhi pareshani hai us shaqs ko, uska achche se treatment kara kar aur sahi samay par kara kar usey theek kar sakte hain.

Par kabhi kabhi aisa nahi bhi hota hai. Yahan main baat zindagi ya maut ki nahi karunga, balki bas itna kahunga ki humein humari taraf se efforts karne chahiye us shaqs ka khayaal rakhne ke liye jiski tabiyat thik nahi hai. Uska khayal rakho, uski dawaiyon ka khayal rakho, aur uske doctor ke appointments ka khayaal rakho. Aap bas apni taraf se unka pura dhyaan rakho, aur bhagwan se zaroor dua karo unki health ke liye ki jald se jald woh theek ho jayein.

Aapka pareshan hona laazmi hai, par sach kahun toh pareshan hone se takleefein kam nahi hoti. Apne dimaag ko positive rakho aur koshish karo zyada se zyada dhyaan rakhne ki us shaqs ka jisko zarurat hai aapki. Hum apni taraf se koshishein karte rahein, bas yahi ek achchi aur sahi baat hoti hai. Kabhi bhi aisi situations mein panic nahi karna chahiye. Bhagwan se jud kar us insaan ki health ko thik hone ke liye samay dena chahiye aur pray karna chahiye.

Chinta mat karo, der-saver sab theek ho jayega. Agar us shaqs ki umar lambi hai aur agar uski kismat achchi hai, toh zaroor aapka aur uska saath yuhi chalta rahega. Lekin agar uski umar utni nahi hai jitni aap umeed karte hain, toh bhagwan se dua karna uske liye ki woh bas khush rahe, chahe jaha bhi rahe, jaise bhi rahe, bas khush rahe aur shanti mein rahe.

Kisi Family Member Ko Kho Dena

Ek insaan ki zindagi mein agar sabse mushkil koi din hota hai, toh wo shayad us din jab wo kisi apne ko kho deta hai humesha ke liye, chahe woh parents ho ya grandparents, ya fir bhai-behen, ya koi kareebi rishtedar.

Agar kabhi aisa din aa jaaye aapki zindagi mein, jis din aapko yeh pata hai ki aap yeh chehra aakhri baar dekh rahe hain, yeh shareer aakhri baar dekh rahe hain, unse mulaqat aakhri baar kar rahe hain, toh wakayi mein aap toot hi jaate hain.

Kitna waqt lagta hai sirf yahi accept karne mein ki kal tak jo chehra itna khilkhilata tha, itna khush rehta tha, kabhi khafa ho jaata tha, toh kabhi fir maan jaata tha, ab woh chehra dobara kabhi dikhayi nahi dega. Woh awaaz ab kabhi sunayi nahi degi, unki maujudgi kabhi mehsoos nahi ho sakegi. Bahut mushkil ho jaata hai kisi insaan ki maut ka saamna karna, uske shareer ko alvida kehna, khaas kar tab jab aap us shaqs se bahut zyada attached the, bahut zyada kareeb the aur bahut zyada pyaar karte the.

Kisiki tabiyat kaafi arse se kharaab chal rahi ho, tab toh phir bhi ek baar ko ek insaan ko pata hota hai ki ab unke paas zyada samay nahi hai. Lekin kuch haadse toh aise hote hain jinke liye na toh aap kabhi tayyar hote hain aur ho jaane ke baad bhi kayi din, mahine, saal tak us incident ko bhula nahi paate hain. Aur woh haadse jo khaaskar aapki nazron ke saamne hue, ya jin haadson ka aap khud shikaar hue, jisme aap toh bach gaye, lekin woh nahi bach sake.

Overthinking toh ek bahut choti si baat hai—aisi situations ka ek insaan ko aisa sadma lagta hai jissey ubarna uske liye bahut mushkil ho jaata hai. Din-raat us shaqs ki yaadein, baatein, kisse na hi sirf yaad aate hain, balki satane lagte hain, aap jitni zyada koshish karte ho ussey door jaane ki, usey bhulane ki, wo utna zyada yaad aate hain.

Main samajh sakta hoon kisi apne ko khone ka dard, aur samajh sakta hoon ki aap kin halaaton se guzar rahe ho. Bhale hi baat kal ki ho ya ek arsa beet gaya ho, ek insaan ko kaafi waqt lagta hai aisi situations se move on karne mein. Woh chahkar bhi move on nahi kar paata. Jab bhi aap aage badhne ki koshish karte ho, phir wahi sab dimaag mein aane lagta hai aur fass jaate ho isi loop mein.

Ab kuch points ke zariye aapko samjhane ki koshish karunga ki kis tarah aap is situation ke saath deal kar sakte hain, aur khud ko sambhalne ki koshish kar sakte hain:

Express karo

Dekho, sabse pehli aur sabse zyada zaroori agar koi cheez hoti hai toh woh hoti hai ki jo bhi aap ke andar feelings hain, jo bhi baatein hain, jo bhi khayaal aapko aa rahe hain ya aate hain, aapko apne andar nahi rakhne hain.

Apne andar ke jazbaaton ko bahar nikalo aur unhein share karo kisi ke saath. Koi family member, koi dost, koi saathi, koi doctor, koi professional person, ya koi pet, inke saath share karo, aise har waqt nahi, lekin har thode din mein aap apni baatein share kar sakte ho.

Jitna yeh sab aap apne andar rakhogey, in feelings ko apne dil mein daba ke rakhogey, utni takleefein hongi, utna pareshan hogey, utna zyada overthinking karogey. Sabse zyada zaroori yahi hota hai ki aap express karo apni feelings ko.

Agar aapke paas koi bhi nahi hai, koi ek shaqs bhi nahi jiske saath aap share kar sakte ho ya jo aapko sun sakta hai, toh koi baat nahi. Har insaan apne dard ko kisi na kisi roop mein bahar nikaal sakta hai.

Aap kahin likh kar apni feelings ko express kar sakte ho, kisi diary mein, ya phir kisi phone app mein. Agar aap ek artist ho, toh aap apni art ke zariye apne dard ko zaahir kar sakte ho, kisi platform par, ya agar kahin publicly express nahi karna chahte toh personally bhi rakh sakte ho. Lekin aapko zaroorat hai express karne ki khud ko, khud ki feelings ko, unhein jitna chhupaogey, utna dard aur badhega.

Khud ko busy rakho

Ab doosri cheez hai ki apne aap ko khaali mat rakho, kuch na kuch kaam karte raho, agar office jaate ho toh wahan jao, business hai toh wahan jaake baitho aur apne kaam ko aage badhao, ya kisi bhi profession mein ho toh apne kaam ko continue rakho, agar student ho toh apni padhai ko continue karo. Ruko mat, thamo mat. Shuruwaat mein bhale hi kaafi time lage aapko focus karne mein, lekin insaan dheere dheere hi move on karta hai.

Shuruwaat ki kuch koshishein bhale hi nakaam hoti nazar aati hain, lekin jaise-jaise waqt beetta hai, insaan jeena shuru kar hi deta hai, woh focus wapas aane lagta hai. Aur yeh sab aisa nahi hai ki, kisi ki death ke turant baad kar diya. Aap samay lo, aapko pura haq hai samay lene ka, lekin zaroorat se zyada samay mat lena, warna us jagah se bahar nikalne mein kaafi der lag jayegi.

Apne aapko socially involve rakho

Logon se milte raho, chahe mann na kare, lekin har thode samay mein logon se milo, unke saath baitho, unke saath waqt bitao, kuch apni kaho, kuch unki suno, lekin yeh silsila banake rakho. Aap jitna khud ko akela karogey is situation mein, aap utna depressed feel karogey, utna aapko pareshan karenge aap ke thoughts, or overthinking karne lagogey.

Isliye khud ko akela kabhi mat karo, aksar insaan akela khud ko karke bahut door chala jaata hai, aur negative thoughts aane ki wajah se kayi baar galat faisle lene lagta hai, galat steps leta hai, isliye kabhi bhi khud ko akela mat karo, chahe aap ke paas koi ho ya na ho, lekin, aap kisi na kisi ke paas raho.

Suicidal mat ho

Agar aap ko suicidal feelings aa rahi hain to kisi family member, friend, therapist ya suicide helpline ko call karo. Hum aksar zindagi mein jab bhi kisi apne khaas ko khote hain, jisse hum bahut pyaar karte the, bahut attached the, toh hum khud ko maarne ke baare mein sochne lagte hain. Humein aisa lagta hai ki unke bina jeene ka kya fayda, hum imagine hi nahi kar paatey apni zindagi unke bina.

Aisi situation mein kabhi bhi khud ki jaan lene ke baare mein mat socho. Bahut keemti hoti hai zindagi, duniya mein na jaane kitne log jeena chahte hain, lekin jee nahi paate kisi bimari ki wajah se, ya kisi dikkat ki wajah se. Agar aapko bhagwan ne itni keemti zindagi di hai toh ussey pyaar karo, uski kadr karo, aur usey khatam mat karo.

Aapko apne saath saath kayi logon ka dhyaan rakhna hai, kisi apne ke jaane se har insaan tootta hai, aur aapko aise logon ki himmat baandhni hai, apne saath saath aur logon ka bhi khayaal rakhna hai jinhein dukh hai unhein khone ka. Isliye na hi sirf khud ke liye, aapko doosron ke liye bhi jeena hoga. Aur sach kahun toh aapko kuch bhi galat karta dekh us jaane wale ki aatma ko kabhi shanti nahi milegi.

Waqt ko waqt do

Jiski kismat mein tha jaana, woh chala gaya, lekin agar aap jee rahe ho aaj bhi toh isko ek blessing samjho bhagwan ki. Zindagi bhi ek blessing ki tarah hoti hai, yeh baat ussey behtar kaun jaan sakta hai jo zindagi maut se lad raha hai lekin, phir bhi jeena chahta hai. Isliye kadr karo apni zindagi ki.

Accept karo kisi ke chale jaane ko, mushkil bahut hoga, par accept karna hi sabse badi kamyabi haasil karna hota hai, jo hua uspar yakeen karo, khud ko waqt do aise mushkil daur se guzarne ke liye aur yakeen karne ke liye, himmat bandhe rakho, isey tootne mat dena kisi bhi haal mein. Guzarte waqt ke saath saath har zakhm bhar jayega tumhara. Jo aaj namumkin sa lag raha hai, woh ek din mumkin ho jayega.

CHAPTER 4

Friendship Mein Overthinking

Friendship humari zindagi ka ek bahut aham hissa hota hai. Bachpan se lekar jaise-jaise hum bade hote hain, humare dost bhi bante hain, kuch dost kaafi door tak humare saath chalte hain, kuch se kisi baat pe ladai ho jaati hai aur dosti khatam ho jaati hai, aur kuch se bas kabhi kabhi baat hoti hai.

Dosti ka rishta kisi-kisi ke liye toh bahut tension-free hota hai, lekin kuch logon ke liye overthinking ki wajah ban jaata hai. Dosti ke dauraan bhi hum kab-kab overthinking karte hain, kaise karte hain, kyun karte hain aur kaise hum isko rok sakte hain, un sabhi baaton ko hum discuss karenge taaki aapke zyada se zyada sawaalon ke jawaab aapko mil jaaye aur aap tension-free zindagi jee sakein.

Ab kayi tarah ke log hote hain. Kuch emotional hote hain jo dosti ko bhi thoda seriously lete hain, jo apne doston ke actions se bahut affect hote hain, jo kayi baar overthinking karne lagte hain apne doston ki kisi baat pe. Kabhi koi ladai ho jaaye ya kisi ne unse kuch keh diya, ya kuch kar diya jiski wajah se wo pareshan ho jaate hain, sochte rehte hain, aur khud ko rok hi nahi paate hain.

Toh kuch log aise bhi hote hain jinka attitude aisa hota hai ki: '*Bhai, Mujhe koi fark nahi padta. Aapko jo karna hai karo, jaise karna hai karo, mujhe na fark padta hai aur na main sochta hu.*'

Jinka nature aisa hota hai, woh shayad kabhi-kabhi hi apne doston ki kisi baat pe overthinking karte hain. Aisa nahi hai ki unki dosti kamzor hoti hai, lekin woh in sab cheezon se apni dosti ko affect nahi hone dete.

Aur phir kuch log aise bhi hote hain jinka koi dost nahi hota. Haan, sahi suna, aise log hote hain jo akelepan mein hi zindagi guzaarte hain. Ya toh woh bahut selective hote hain ya phir woh dosti kar nahi paatey, kyunki woh sharmeele hote hain. Ya phir kisi se zyada din tak unki dosti nahi chalti, wajah unka behaviour bhi ho sakta hai. Ya kuch logon ki kismat bhi aisi hoti hai ki kisi ko achche dost nahi milte hain aur jo milte hain, woh sab matlabi nikalte hain.

Jab baat dosti ki aati hai toh woh log jinka koi dost nahi hota lekin chahte hain dosti karna, unke mann mein ye sawaal zaroor aata hoga ki dost kaise banayein? Kya karein jissey log humein pasand karne lagenge, humari company ko pasand karne lagenge? Kuch logon ke dimaag mein ye sawaal itna ghoomte hain ki unka mindf**k ho jaata hai.

Agar baat karein dost kaise banate hain toh aksar humne dekha hai ki dosti bhi apne aap ho jaati hai, usmein relationship jaise efforts nahi karne padte. Kuch log humare dost ban jaate hain, toh kuch logon ko hum apna dost banana chahte hain par bana nahi paate. Efforts wahin hote hain jahan humein kisi ko apna dost banane ki chahat hoti hai jab shayad humein unse positive vibe aati hai, ya humein woh pasand aate hain pehli nazar ya mulaqaat mein.

Kuch logon ko dost banane ke liye efforts karne bhi nahi padte hain. Unki personality hi aisi hoti hai ki woh ek baar kisi se mil lein toh ek aisi chhaap chhod jaate hain us shaqs par ki dosti ho jaati hai aur pata bhi nahi chalta.

Lekin kuch log aise bhi hote hain jo apne aap se baatein karte hain, mann hi mann mein, jo bahut sochte hain cheezon ko, logon ko leke, jo chahte hain logon ke beech baithna, unse ghire rehna, dost banana, kisi friend circle ka part banna, lekin yehi sochte reh jaate hain ki aakhir hum is cheez ki shuruwaat kaise karein, kaise kisi ke mann mein apne baare mein ye khayal jagayein ki, haan woh mera dost hai.

Un logon ke liye khaas kar kuch points hain jinka woh dhyaan rakh sakte hain aur apni is overthinking ko rok sakte hain:

Unke Paas Jaana

Dekho, agar aap kisi ko dost banana chahte ho aur unse baat nahi hui hai aaj tak, toh aise mein kisi na kisi zariye aap unke saath communicate karne ki koshish karo, ek connection banao, chahe social media ke zariye ya apne kisi dost ya kisi known ke zariye ya direct unko approach karke. Jab tak unko approach nahi karogey, us shaqs ka aap par attention aayega hi nahi. Jab tak unka attention aap par nahi aayega, aap unse kisi bhi tarah ke rishte ki umeed mat karo.

Long distance hai aap dono ke beech toh social media par approach kar sakte ho. Koi shaqs aapke saamne hai toh himmat karke unhe achche se greet kar ke, kisi na kisi bahane unse baat karna, ya unke liye kuch karna jissey woh achcha feel kare. Kuch bada nahi, chote-chote efforts bhi count hote hain.

Unse Baat Karna

Ek baar approach kar liya, uske baad unke saath continuously apne connection ko banana, chahe aap unke paas jaake unse kuch baat karein, ya aap unhein social media par messages karein. Ek aisa connection banana jissey samne wale ko uncomfortable feel na ho, ya wo aap se irritate na ho. Bhale hi sirf dosti hai, par shuruwaat kharaab ho jaaye, toh aage chalke dikkat hoti hai.

Unse baat-cheet karte raho, unke baare mein jaano, unki family ke baare mein jaano, dheere-dheere samajhne ki koshish karo ki kis baare mein baat karke unhein achcha lagta hai, kis cheez se unhein bura lagta hai, unke kya sapne hain, woh kya karna chahte hain apni zindagi mein, unki pasand-napasand, unke shauk aur unke dil ke sabse kareeb kya-kya hai.

Is dauraan agar aap unki kisi cheez se disagree bhi karte ho toh kar sakte ho, zaroori nahi ki samne wale shaqs ko impress karne ke liye aap uski har cheez se agree karein. Logon ko pasand hain woh log jo apne point ko rakhna jaante hain, jo apne liye stand lete hai. Yuhin dheere-dheere jaanogey unhein toh samajh ayega ki kaise hain woh wakayi mein.

Confident Raho

Jo bhi karne ja rahe ho confidently karo. Aankhon mein nervousness nahi honi chahiye. Apne chanchal mann ko shaant karo jisme hazaar sawaal ghoome ja rahe hain. Agar kisi se baat kar rahe ho toh idhar-udhar mat dekho, unki aankhon mein aankhein daal kar baat karo, hotho par muskurahat liye baat karo.

Log bahut bura mehsoos karte hain jab woh bol rahe ho ya baat kar rahe ho aur aap idhar-udhar dekh rahe ho, hil rahe ho baar-baar. Apni body language ko thik rakho, itne shaky mat raho kisi se baat karte waqt. Na zyada haath hilao, aur na hi pair. Chahe woh standing posture ho ya sitting posture, yeh sab thik rehna chahiye. Bhale hi yeh sabke liye matter nahi karta hai par iska matlab yeh nahi hai ki yeh kisi ke liye matter nahi karta. Ho sakta hai us shaqs ke liye matter karta ho jinko aap apna dost banana chahte ho.

Kuch Bhi Personally Mat Lo

jinko dost banana chahte ho ya jo dost already hain, unki baaton ko personally mat lo. Kayi baar aisa hota hai ki log humse mazaak karte hain, halka-fulka hi sahi par karte hain. Toh enjoy karo unke saath, unhein comfortable feel karao. Har cheez ko apne upar mat lo, har cheez ko itna zyada personally mat lo ki samne wala shaqs apne aapko aap se kholne mein hichkichaye.

Koi bhi insaan dosti mein agar apne doston ki har baat par, har cheez par offend hota hai, toh uske saath log na hi comfortable feel ho paate hain, aur na hi ek connection bana paate hain. Choti-choti baaton par bura maan jana, har cheez ko bahut deeply feel karna aur loudly react karna, aapki yeh sab cheezein koi dost pasand nahi karega.

Haan, agar woh bahut personal comment kar rahe hain ya kisi bhi tarah ki aisi baat kar rahe hain jo sahi nahi hai, jaise ki beizzati karna woh bhi seriously ya koi personal comment karna, toh zaroor unhein samjha sakte ho ki aap is tarah ka mazaak bardasht nahi karogey. Unko badle mein aap aisa jawaab bhi de sakte ho ki ladai ka mahaul na bane.

Kyunki, jab baat self-respect ki aati hai toh, humein bilkul bardasht nahi karna chahiye aur samne wale shaqs ko yeh samjha dena chahiye ki, woh galat kar rahe hain, is tarah ki baatein ya mazak aap ke saath nahi karein.

Zaroorat Padne Par Unki Help Karo

Agar kisi ko aapki zaroorat hai, chahe wajah choti ho ya badi, aur agar aap madad kar sakte ho, agar aap layak ho, toh zaroor karo. Agar aap ka dost koi musibat mein hai, toh zaroor unki madad karo. Jab hum kisi musibat mein fase insaan ki madad karte hain, toh zaroor unke dil mein humare liye izzat aur sammaan badh jaata hai.

Madad karna koi galat cheez nahi hai, balki achchai hi dikhata hai ek insaan ki. Lekin is achchai ka bhi fayda uthaya ja sakta hai. Ho sakta hai aap hi ke dost is cheez ka fayda uthayein, aap se madad lekar baar baar aapko istemaal karein. Ho sakta hai woh aapko apna dost sirf isiliye maante hain taaki aap unke kaam aa sako.

Toh is dosti ke bhi kayi roop ho sakte hain. Ek achcha dost milna asaan nahi hai aaj ke zamane mein, jo aap se dil se juda ho. Kuch log matlab ke saathi hote hain, kuch log bas apna kaam nikalne ke liye aapke saath hote hain, aur kuch log aapke saath kabhi khade nahi hote aapke bure waqt mein.

Aise doston se door raho jo baar-baar tumhein istemaal karte hain. Aise logon ka saath humein bahut khaali kar deta hai har roop mein. Kabhi bhi kisi ko aisa mehsoos mat hone do ki aap ka sab kuch bahut faltu hai, samay se lekar paisa, aur woh jitna chahein le sakte hain. Aise mein koi aapki value nahi karega.

Jo log aapse kisi matlab se vaasta rakhein, aise logon se aap vaaste tod do, kabhi unke kaam mat aao. Yeh log dosti ke naam par sirf istemal karte hain aur kuch nahi, apna kaam bante hi puchenge bhi nahi ki kaun ho, kya ho.

Unke Saath Waqt Bitao

Doston ke beech mein connections tabhi grow hote hain jab hum unko waqt dete hain, unke saath waqt guzarte hain. Agar dosti ki shuruwaat hui hai toh aisa karne se aap ek doosre ko jaante hain, samajhte hain, aap unhein judge karte hain mann mein, woh aapko karte hain, kuch baatein khatak bhi sakti hain aur kuch pasand bhi aa sakti hain.

Akelepan ko alvida kaho agar ek achha dost mil jaaye aur aap unse gehri dosti banana chahte ho. Unke saath jitna time spend karogey, utni memories banti hain, logon ke mann mein aapki chhaap aati hai, aur baad mein utni yaadein aati hain.

Enjoy karo unki company ko, aur sach kahun toh unki company aap aapne aap enjoy karne lagogey, agar aapke dost sahi hain toh. Galat logon se vibes bhi negative hi aati hain. Sahi doston ka saath aisa hota hai ki hum khud chahte hain unke sang zyada se zyada time spend karein.

Jo log introverts hote hain unhein khaas kar dikkat aati hai dost banane mein, ya doston ke saath time spend karne mein. Unhein akela rehna zyada pasand hota hai. Agar aap introvert ho aur phir bhi yeh chahte ho ki aap doston ke saath baitho ya woh aapke saath baithein, toh aapko apni personality mein thode badlaav laane padenge, thoda sa us dibbe se bahar nikalna padega jis mein khud ko kaid karke rakhte ho.

Agar doston se milogey nahi, baat nahi karogey, toh woh kaise jaanenge aap ko? Jaanenge nahi toh pasand-napasand ka sawaal hi nahi uthta hai. Bhale hi chote-chote steps lo, lekin shuru karo wo karna jis cheez ki chahat rakhte ho. Sochne mein, overthinking karne mein jitna time waste karte ho, utna agar kuch karne mein lagao toh kitni problems ka solution nikal aayega.

Dosti mein bhi kayi baar aise phases aate hain jo humein overthinking karne par majboor kar dete hain. Kabhi aisa ho gaya ki humare kisi dost ko humari zaroorat padi, humne socha chalo thik hai, agar aaj main iske kaam aa raha hu toh kayede mein toh kal ko woh bhi mere kaam aayega, jaise isey aaj meri zaroorat hai, usi tarah mujhe iski zaroorat pad sakti hai. Lekin jab aapka bura waqt aaya toh usne aapko mana kar diya aur woh aapke kaam nahi aaya. Ab yahan pe do conditions ho sakti hain: ya toh aisa ho sakta hai ki woh shaqs khud kisi pareshani mein fasa hua tha, ya genuinely kahin busy tha jiski wajah se woh aapki help kar nahi paaya. Aapki help karne se zyada zaroori uske liye kuch aur tha. Agar aisa hua hai aur pehli ya doosri baar hua hai toh humein khud ko samjha lena chahiye ki koi busy bhi ho sakta hai aur woh uski majboori thi. Agar woh majboori saamne nahi aati toh woh aapki madad zaroor karta. Woh pehle har baar madad karta aaya hai jab bhi zaroorat padi, lekin is baar woh nahi kar paaya, toh koi baat nahi.

Lekin agar situation yeh hai ki woh shaqs aapki madad karna nahi chahta tha jaanbuj kar, ya kar sakta tha lekin usne kisi aur cheez ko chun liya aapke upar, ek aisi cheez jo shayad zaroori thi bhi nahi, toh kahin na kahin woh shaqs ek selfish insaan hai jo apna kaam nikalwane ke liye sab kuch kar sakta hai aur jahan aapko uski zaroorat padi toh woh bahane bana kar wahan se nikal jayega.

Agar aap aise kisi dost se dosti kar baithe ho jo har baar aapki madad leta hai, lekin woh khud kabhi kaam nahi aata aapke, jab ki woh kaabil hai is cheez ke, toh aapke paas ab do hi options hain. Ya toh aap ussey apni dosti thodi kam karo, kyunki agar woh aapka dost raha toh, shayad aapki zindagi mein usi ki wajah se aise kayi mauke aa jayenge jahan woh aapki madad nahi karega aur aap is cheez ke upar overthinking karne lagenge.

Doosra option yeh hai ki agar aap ussey dosti rakhna chahte hain, puri tarah se khatam nahi karna chahte, toh aap ussey sab se pehle toh umeedein lagana band kar do, aur phir aap har baar uski madad karo aisa zaroori bhi nahi.

Kayi baar hota hai ki agar kisi dost ko aapki financial help ki zaroorat hoti hai toh woh aap se ek baar kehta hai, aur agar aap de dete ho toh usko umeed hone lagti hai aap se. Ek vishwaas ho jaata hai aap par ki aap uski har baar madad kar dogey jab baat paison ki ayegi.

Karne ko aap kar sakte ho, lekin har baar help karna usko independent hone se rokta hai. Jab-jab woh pareshani mein aayega, woh aap hi ke paas ayega, aur agar aap help karte rahogey, usey aisa lagne lagega ki aap toh ho hi hamesha uski madad karne ke liye. Toh woh aap se har baar umeed karega ki aap do, aur jis baar aap nahi de sake ya madad kar sake, usi baar woh aapko bura bana dega aur aisa feel kara jayega jaise aap kabhi uske kaam aaye hi nahi.

Hum sau baar kisi ke liye kuch karte hain aur agar ek baar chook gaye, toh woh shaqs yeh bhul jayega ki humne uski sau baar madad kari aur woh is baat ka issue bana ke rakh dega, aur aapke saare purane ehsaan bhul jayega.

Aise log hote hain is duniya mein aur bahut zyada hote hain, aur jab woh yeh humare saath karte hain toh humara mindf**k ho jaata hai. Sochne lagte hain ki usne humare saath aisa kyun kiya. Achchai ke badle burai mile toh dil par chot toh lagti hi hai.

Dil halka mat karo jab bhi koi aapke saath aisa kare, na hi kisi se jaa kar lado ya usey yaad dilane ki koshish karo jo aap ne uske liye kiya tha. Bas khamoshi se apne mann mein do chizen decide kar lo. Pehli cheez, ab kisi tarah ki koi help nahi karoge uski. Doosri cheez, agar karte bhi ho toh badle mein ussey achhai aaye ya burai, woh aapki madad kare ya na kare, aap kabhi ussey koi umeed nahi karogey.

Umeedein kam se kam ho tabhi achhe se zindagi beet sakti hai, aur jahan umeedein badh jaati hain wahan insaan apne aap overthink karne lagta hai. Overthinking karne ke bajaye us cheez par kaam karo jis cheez ke baare mein itna soch rahe ho. Thande dimaag se sochogey toh zindagi mein har cheez ka solution milega, lekin agar garam dimaag se sochogey toh fass ke reh jaogey us situation mein.

Dosti ho jaane ke baad jab bonding achhi hone lagti hai toh umeedein bhi thodi-thodi badhne lagti hain, jaise-jaise situations saamne aati hain. Lekin, har baar koi shaqs aapki umeedon par khara utre, aisa zaroori toh nahi hai.

Kabhi koi majburi ki wajah se nahi kar paata, toh kayi baar niyat nahi hoti aapke liye kuch karne ki. Agar puri tarah khatam nahi kar sakte, toh jitna ho sake utna kam logon se umeed karo. Jitna zyada ho sake utna zyada apne dil ko dukhane se bachao. Woh bahut anmol hota hai, bahut zyada keemti. Usko protect karke chalo, zindagi ka safar kaafi suhana lagne lagega.

Doston Se Ladai Ho Jaana

Dosti ka rishta bahut gehra hota hai, aur is gehrai mein kayi baar aisi situations aa jaati hain jab ladaiyan ho jaati hain, behes ho jaati hai. Kabhi hum unhein kuch bol dete hain toh kabhi woh humein kuch bol dete hain, jiski wajah se humara mann bahut bechain hone lagta hai. Dimaag mein tarah-tarah ki baatein chalne lagti hain, kayi saare negative thoughts aane lagte hain aur hum overthink karne lagte hain.

Kabhi humein aisa lagta hai ki woh galat hai, toh kabhi humein lagta hai ki hum galat hain. humne gusse mein kuch zyada hi bol diya, ya humein aisa nahi bolna chahiye tha. Is kashmakash mein hum bahut pareshan hone lagte hain. Hum chahte nahi hain ki humari dosti kharab ho ya khatam ho, isliye is baat par overthinking karne lagte hain ki cheezein kaise thik karein, kaise hum dono wapas achhe dost ban sakein.

Ladai kabhi-kabhi toh bahut temporary hoti hai, jaise kuch der ki hi. Lekin kabhi-kabhi bahut lambi chal jaati hai aur halaat itne bigad jaate hain ki dosti khatam ho jaati hai. Humara dimaag phir bhi sochna band nahi karta, kabhi hum apne bichde dost ko yaad karke pareshan hote hain, toh kabhi pachhtate hain agar humari galtiyon ki wajah se dosti khatam ho gayi.

Humein lagta hai ki doston ke beech cheezein normal hoti hain, jaise ki ladai nahi hona ya ruthna-manana nahi hona, umeedein nahi hona, feelings nahi hona, break-up nahi hona. Magar sachchai toh kuch aur hi hai.

Doston ke beech bhi yeh sab kuch hota hai. Agar same gender ke dost hain toh phir bhi thoda kam hota hai yeh sab kuch, lekin agar opposite gender ke dost hain toh yeh sab kuch hota bhi hai aur iski intensity bhi zyada hoti hai.

Ladai chahe kisi bhi baat par ho, lekin yeh dil maanta nahi, yeh dimaag sochne se thakta nahi. Kayi log doston se related kisi bhi baat par itna sochte nahi, lekin kayi log soch-soch ke apne aap ko pareshan kar dete hain. Agar aap nahi bhi sochte tab bhi, aur agar aap sochte ho tab bhi, aage discuss kari hui kuch situations ko zaroor padhiyega, ho sakta hai aapko ek aisi madad mil jaaye jiske baare mein aap soch-soch kar neend kharaab kar rahe the apni. Agar abhi pareshan nahi bhi ho rahe the, tab bhi, aapko future mein madad mil sakti hai.

Aapki Galti Par Ladai Hona

Doston ke beech ladaiyan ho jaati hain, kabhi kisi baat par toh kabhi kisi baat par. Agar aapki bhi apne dost se ladai ho gayi hai aur aapko is baat ka ehsaas ho chuka hai ki aapki galti ki wajah se ladai hui hai, toh befikar raho. Doston ke beech ho jaati hai kaha-suni.

Kisi bhi insaan ko agar ehsaas ho jaye apni galti ka toh issey badi koi baat nahi hoti. Iske baare mein zyada overthinking na karke isko thik karo, aur thik hoga tab jab aap uske paas jaogey, usey is baat ka yakeen dilaogey ki aapko ehsaas hua hai aapne jo bhi kiya hai uska aap accept karte ho apni galti aur ab aap maafi maangne aaye ho.

Ab ya toh yeh hoga ki woh aapka intezaar kar raha tha ki aap kab aaogey aur ussey maafi maangogey, aur woh baat ko thoda sa kheechne ke baad maaf kar dega. Ya yeh ho sakta hai ki woh aapko maaf nahi karega, aur aapse naraaz rahega. Agar aapne pehli baar koi galti kari hai aur woh galti bahut badi nahi hai, toh aap uske saath connected raho, usey ehsaas dilate raho, woh kuch waqt zaroor lega, lekin aakhir mein aapko maaf kar hi dega.

Lekin kabhi kabhi situation aisi ho jaati hai ki aapne koi bahut badi galti kar di hai, jiski koi maafi nahi hai, ya jis cheez ke liye woh maaf karne ke liye bilkul raazi nahi hai, ya phir aapke baar-baar galtiyan repeat karne se woh shaqs aap se itna naraaz ho gaya hai ki woh ab aap se dosti bhi nahi rakhna chahta, aur woh tod ke ja chuka hai. Aapke kayi baar manane ke baad bhi kayi koshishon ke baad bhi woh aapko maaf nahi kar raha, toh accept karo is baat ko.

Har baar humein aisa lagta hai ki humari har galti, har bhul-chuk ko log maaf karte rahenge, toh aisa bhi nahi hai. Har kisi ke liye galtiyon ki apni gehraiyan hoti hain, kuch logon ke liye maaf karna itna asaan nahi hota, toh kuch log haste-khelte maaf kar dete hain. Kuch log aapko khona nahi chahte isliye baar-baar maaf karte rehte hain, toh kuch log itne hurt ho jaate hain ki unka aap par se bharosa hi uth jaata hai.

Is dosti ka tootna aapke liye ek seekh hai ki humari kin galtiyon ko log bardasht kar sakte hain, aur kin galtiyon ko nahi. Kaunsi galtiyan maafi ke layak hoti hain, aur kaunsi nahi. Kabhi kabhi saalon lag jaate hain tooti hui dosti ko wapas judne mein, toh koi dosti hamesha ke liye toot ke reh jaati hai. Aap is baare mein itna socho mat, aur jo galtiyan kari hain, un galtiyon ko repeat na karne ka decision lo, apne andar improvement laane ka decision lo, apni personality ko thik karo aur life mein aage badho.

Jo judne wala hoga, woh aap se zindagi ke kisi na kisi mod pe dobara milega aur phir jud jayega, aur jo nahi hoga kismat mein, woh lakh koshisho ke baad bhi nahi judega. Sabr lekar aao apne andar, usi se zindagi thik ho sakti hai, aur usi se rishton ke thik hone ki bhi umeed hoti hai.

Waqt aur kismat par chhodne se bhi kayi baar rishte thik ho jaate hain, chahe dosti ho ya koi aur rishta, koshishein na karne se bhi thik ho jaati hain cheezein. Logon ko dersaver yeh ehsaas ho jaata hai ki ab unhein aapko maaf kar dena chahiye. Lekin, woh tab hota hai jab aap already bahut efforts kar chuke ho.

Overthinking mat karo, patience rakho aur koshish karo agar koshish ki shuruwaat bhi nahi kari hai, thodi aur koshish karo agar shuruwaat kar chuke ho, aur agar hadd se zyada koshishon ke baad bhi kuch thik nahi ho raha, toh sabr karo, seekho aur apni zindagi mein aage badho.

Unki Galti Par Ladai Hona

Agar ladai uski wajah se hui hai aur aap naraaz ho ussey, toh zaahir hai aapka mann bahut ashaant hoga aur hazaar baatein chal rahi hongi is dimaag mein. Sabr karo aur yeh dekho ki woh shaqs aapke paas aa raha hai ya nahi, agar woh aapke paas aa kar aapko manane ki koshish kar raha hai toh, beshaq usko thoda sa tadpao, taaki usey ehsaas ho apni galti ka.

Choti si punishment do usey, taaki usey aisa na lagey ki, maafi milna bhi bahut asaan hai, toh woh galtiyan repeat karne se pehle kayi baar sochega, agar asaani se maaf kar diya toh, woh galtiyan repeat karta chala jayega ye soch kar ki, maafi toh mil hi jaani hai.

Agar us shaqs ko ehsaas nahi hua hai ki, galti usne ki hai aur woh yeh keh raha hai ya samajh raha hai ki, galat aap ho woh nahi, toh theher jao, uske paas jaane ki zarurat nahi hai. Jab tak usey ehsaas nahi ho jaata uske paas mat jao, agar uski galtiyon par bhi aap uske paas jaake usko manaogey toh, zaroor woh phir aapko aur aapki dosti ko granted lene lagega. Sabr kar ke dekho, usey ehsaas hota hai ya nahi.

Aur agar yeh sab kuch karne ke baad bhi woh shaqs aap ke paas aa nahi raha, kayi din nikalte ja rahe hain, lekin woh ehsaas karne ke liye, maafi maangne ke liye, tayyar nahi hai toh uske paas jao aur ussey baat karo. Ussey janne ki koshish karo ki woh kyun nahi baat karne aaya ab tak. Aur pyaar se usey samjhao ki apni galti maanni chahiye aur galti maanne se koi chota-bada nahi ho jaata.

Aisa tab hi karna, jab aap soch-sochke bahut pareshan ho rahe ho aur yeh shayad ek-do baar hi hua ho pehle. Agar aapko lagta hai ki woh shaqs har baar yahi karta aaya hai ki khud galti karke aapko blame karne lagta hai aur aap se umeed karta hai ki aap jao uske paas aur maafi maango, toh zaroorat nahi hai aise insaan ke paas jaa kar ussey baat karne ki.

Jin logon ke liye unki ego bahut badi hoti hai woh siwaye apne relations kharaab karne ke aur kuch bhi nahi karte. Issey yeh sabit hota hai ki us insaan ke liye uski ego aap se bhi zyada badi hai. Aise logon ke liye kabhi bhi apne mann mein feelings nahi laani chahiye, kabhi bhi unse maafi nahi maangni chahiye unki galtiyon par.

Kyunki agar aapne ek-do baar yeh kar liya ki aap ja rahe ho aur woh har baar ki tarah is baar bhi naraaz hain aur umeed kar rahe hain aap se ki aap unke paas aa ke maafi maango toh woh aapki value nahi samjhenge kabhi.

Aise log apni zindagi mein aapki value ko bahut kam kar lete hain aur aapko aise treat karte hain jaise aapki koi aukaat hi nahi hai, koi self respect hi nahi hai. Isliye, chahe dosti ho ya koi bhi relation ho, tab tak jhuko jab tak baat self-respect par na aa jaye, aur zaroorat se zyada jhukne ki aur adjust karne ki bhi zarurat nahi hai bas isliye, kyunki aapke liye woh relationship important hai. Aapki isi importance ka log fayda uthana shuru kar dete hain aur aapke saath behaviour bhi unka bahut zyada kharab ho jaata hai.

Koi zarurat nahi hai itni overthinking karne ki. Pehle patiently wait karo, agar woh aate hain toh unhein maaf kar dena. Bhale hi kuch der ruk ke karna, par kar dena. Aur agar woh nahi aate hain toh aap is situation ko phir se analyze karna aur samajhna ki galti kya wakayi mein uski hain ya kahin aap hi galat the aur uski narazgi jaayiz thi. Agar aap confused ho toh kisi aur samajhdar insaan se discuss karke dekho, ho sakta hai woh aapki situation ko samajhke sahi se bata sake.

Aur agar aapko phir bhi yehi pata chalta hai ki galat aap nahi wohi hai, toh phir uske aane tak ka intezaar karo. Agar uske liye aap zaroori hoge, aapki dosti zaroori hogi, toh woh aayega, zaroor aayega.

Kisi Teesre Ki Galti Par Ladai Hona

Ladaiyan hoti toh hai do doston ke beech, lekin wajah koi teesra ban jaata hai. Woh teesra ek aisa shaqs bhi ho sakta hai jise aap log pehle se jaante hain, ya phir ek aisa shaqs jo anjaan hai. Kisi teesre ki wajah se ladai ho jaana bhi ek aam baat hoti hai.

Aap sahi ho sakte ho, aapka dost bhi sahi ho sakta hai, lekin aksar teesra insaan do logon ke beech mein ladaiya ladwa deta hai aur khud door ho jaata hai. Iski bhi kayi saari wajah ho sakti hain. Ho sakta hai ki ladai galatfehmi ki wajah se ho gayi ho, ya ho sakta hai ki kisi purani baat par ho gayi ho, ya yeh bhi ho sakta hai ki ladai jealousy ki wajah se hui ho.

Aksar jab humari dosti kaafi gehri hoti hai kisi se toh kayi logon ki nazrein padne lagti hain. Log dekhte hain aur unhein dekh-dekh ke jealousy hoti hai, uski wajah ya toh yeh ho sakti hai ki uske paas aap jaisa shandaar dost nahi hai ya yeh bhi ho sakta hai ki woh aapko ya aapke dost ko pasand karte hain. Isliye woh attention paane ke liye, jisey woh pasand karte hain usko chheenne ke liye, aap dono ki dosti ko tudwane ki koshish karte hain.

Jab bhi aap dono ki dosti ke beech koi teesra shaqs aane ki koshish kare ya ladai karwa de, toh sabse pehle yeh samjho ki dosti ho ya koi bhi rishta ho, vishwaas par hi chalta hai. Agar aapko aapke dost par ya usey aap par vishwaas hoga toh kisi teesre ki wajah se ladai hone ka matlab hi nahi banega. Chahe us teesre shaqs ne aap se aapke dost ki burai kari ho ya aapki aapke dost se, baat karni bahut zaroori hai.

Mauka dhundo baat karne ka, convince karo usey ki woh aapse baat kare, agar woh aapse baat karna chahta hai toh ek baar uski baat suno aur uska point bhi samjho. Kisi bhi baat ke kayi pehlu hote hain, har ek pehlu ko sunna aur samajhna zaroori hota hai.

Ek hi taraf se mat dekho ya judge karo kisi situation ko. Agar kisi insaan ke baare mein kuch bhi pata chala hai ya kisi teesre ki wajah se aap dono ki ladai ho gayi hai toh ek-doosre se baat karni bahut zaroori hai.

Baat karne se kayi cheezein pata chal sakti hain. Yeh bhi pata chal sakta hai ki woh teesra shaqs galat hai jo aap dono ki ladai kara ke chala gaya, ya yeh bhi pata chal sakta hai ki aap jisey apna gehra dost samajh rahe the woh actually mein aapka sachcha dost hai hi nahi.

Kisi bhi galatfehmi ko panaah mat do apne is rishte mein, saamne se baat karo, uska pehlu bhi suno aur apni baat bhi kaho, aur clear karo saari galatfehmiyan. Bewajah door baith kar overthinking kiye ja rahe ho, na khud ja rahe ho aur na usey aane de rahe ho aap se baat karne ke liye.

Agar khud bhi ja rahe ho apne dost ke paas aur woh sunne ke liye ready nahi hai toh wait karo, abhi baat garam hai, jab thandi ho jayegi thode time mein toh woh zaroor aapko sunenge, aap se baat bhi karenge.

Efforts toh zaroori hote hi hain, saath hi saath patience rakhna bhi bahut zaroori hota hai. Bina patience rakhe agar aap umeed karoge ki har cheez thik ho jaye, aisa zaroori nahi. Kabhi kabhi waqt dena hota hai cheezon ko apni jagah par wapas aane ke liye, aur saath hi saath efforts bhi karte rehne chahiye.

Aur is sabke bawajood bhi agar aapki baat koi na sune ya zaroori na samjhe ki khud aapke paas aa kar cheezein clear karein, agar woh kisi aur ki baat par vishwas karke aapse door ho gaye hain, toh aisi dosti ka wakayi mein koi matlab nahi hai jahan par bharosa na ho. Par insaniyat ke naate hi sahi ek baar baat zaroor karni chahiye, sunna aur samajhna zaroor chahiye ek doosre ko.

Feelings Aa Jaane Ki Wajah Se Door Ho Jaana

Feelings aa jaana ek bahut hi common problem hoti ja rahi hai doston ke beech. Chahe same gender ho ya opposite gender, dosti aksar itni gehri ho jaati hai ki hum unhein ab dost nahi, dost se badhkar manne lagte hain. Kal tak jiski cheezon se, harkaton se humein koi fark nahi padta tha, ab humein fark padna shuru ho gaya hai. Jis nazariye se hum usey ab tak dekha karte the, ab shayad woh nazariya badalne laga hai. Jab dosti mohabbat ki ore rukh modne lagti hai, toh har baar halaat haseen nahi hote.

Jab hum apne dost ke liye feel karna shuru kar dete hain, toh kayi baar unhein pata chalne par woh is cheez ko pasand nahi karte, unhein achha nahi lagta yeh jaankar ya dekhkar ki hum unhein ab us nazariye se nahi dekhte jissey dekha karte the. Kyunki shayad woh hume is nazariye se nahi dekhte. Aur jab aisa hota hai toh doston ke beech dooriyan aani shuru ho jaati hain aur kayi baar woh dosti bhi toot jaati hai jo bahut gehri hua karti thi.

Kayi baar is situation mein hum bahut pachhtaane lagte hain, khud ko blame karna shuru kar dete hain ki agar hum unke liye feel nahi karte ya unhein nahi batate toh shayad dosti khatam nahi hoti. Is baat ko soch-soch ke hum apna dimaag kharab kar lete hain. Overthinking karne lagte hain is par aur bahut zyada pareshan ho jaate hain. Dekho, sabse pehle toh yeh samajhna zaroori hai ki feelings naturally aa jaati hain, koi unhein zabardasti nahi la sakta.

Ab aap socho ki feelings aane ke baad aap unhein control karlo, toh aisa bahut mushkil se ho paata hai. Aksar ye nahi hota hai aur aapke actions mein, aapki activities aur efforts mein aapki feelings saaf dikhne lagti hain. Woh kehte hain na, *'Ishq chhupta nahi, chhupane se,'* ye baat sahi hai.

Ek insaan jab kisi se pyaar karne lagta hai toh woh usey chhupa nahi paata. Agar saamne wala shaqs samajhdar hai, aapko samajhta hai toh woh yeh samajhne mein zara bhi der nahi lagayega ki aapke mann mein dosti se badhkar feelings aane lagi hain.

Isliye chhupana bahut mushkil hai, lekin apne ishq ka izhaar thoda soch-samajhkar karna chahiye. Confess karne se pehle yeh dekhna bhi zaroori hota hai, yeh samajhna bhi bahut zaroori hota hai ki saamne waale ke mann mein kya hai?

Kya woh bhi humein chahne laga hai? Kya uske mann mein bhi humare liye feelings hain? Agar uske mann mein bhi hain toh bejhijhak hokar confess karo. Lekin agar nahi hain, toh thoda patience rakho.

Ho sakta hai ki aap se aati in feelings ko woh dheere-dheere accept karna shuru kar dein aur woh aapko chahna shuru kar dein. Isliye patience rakhna bahut zaroori hai, jahan aapne jaldbaazi kari, wahin aap ek achha-khasa insaan kho sakte ho. Kyunki kayi baar log ready nahi hote aapko accept karne ke liye, ya unke halaat saath nahi dete. Agar itna wait kar liya toh ho sakta hai woh feelings aane lagein unke dil mein aapke liye.

Aakhir mein is sabke bawajud bhi, aapke efforts karne ke baad bhi, agar woh shaqs aap se door ho jaye toh is baat ko accept kar lena chahiye ki kuch logon ka saath ek point tak hi hota hai. Kismat unhein kisi na kisi bahaane humse door kar hi deti hai. Aur yahi hua aapke saath bhi, aapki dosti bhale hi kitni hi gehri kyun na ho, lekin woh saath itni hi doori tak ka tha. Ab aap aage ki zindagi khud ko blame kar ke guzaaro, in sab baaton ka koi matlab nahi hota.

Hum logon se umeed nahi kar sakte ki hum jab feel kar rahe hain, jaisa feel kar rahe hain, woh bhi waisa hi feel karna shuru kar dein humare liye. Har kisi ki pasand alag hoti hai, soch alag hoti hai, koi shaqs aap mein ek achha dost dhund leta hai toh koi aap mein ek achha life partner.

Koi yeh sochkar haath aage nahi badhata ki jo pyaar ke rishte hote hain wo kamzor hote hain, inme break-up asaani se ho jaata hai, par dosti zindagi bhar chalti hai. Woh aapko khona nahi chahte the, lekin, ab aap se unhein woh feelings mil rahi hain jo woh lena nahi chahte, toh woh is wajah se door hone lagte hain. Unhe aisa lagta hai ki saath rehkar aapko accept nahi kiya, toh aap hurt ho jaoge, issey achha door ho jaayein aap se.

Woh bhi apni jagah puri tarah galat nahi hote aur aap bhi nahi hain. Bas baat yeh hai ki yeh situation hi bahut zyada complicated hoti hai, kyunki dono logon ki expectations badal chuki hain, feelings badal chuki hain, aur rishte bhi badalne lagte hain. Aur is badlaav ko har koi accept nahi kar paata.

Isliye khud ko blame karna band karo aur apni zindagi mein aage badho. Jo hua woh hona hi tha, bhale hi aisa lagta hai ki control kiya ja sakta tha, par koi baat nahi, galtiyon se hi hum seekhte hain, is duniya mein koi bhi instructions ke saath nahi aata ki, yeh karo aur woh mat karo. Hum galtiyan karte hain aur phir unhi se seekhte bhi hain.

Aur baat puri tarah aapki galti ki bhi nahi hai, kabhi kabhi hum apne aapko kisi ki ore khichne se nahi rok paate aur humein pata nahi chalta ki aisa karna humare liye achha saabit hoga ya bura. Yeh aapki galti se zyada aapki kismat hai.

Aap samjha zaroor sakte ho usey ki aap apni feelings ko control karogey aur wapas ek achha dost banke dikhaogey. Jaisa aap dono ka bond tha, waise hi rahogey. Lekin koshishein bhi logon ko samjhane ki ek hadd tak ki jaati hai, jab saari koshishon ke baad bhi cheezein na ho theek, toh chhod dena chahiye. Kisi ke faislon ko zabardasti na badla ja sakta hai aur na badalna chahiye, warna cheezein aur bhi zyada complicated hone lagti hain.

Dhokha Dene Ki Wajah Se Dosti Toot Jaana

Dhokha dena toh jaise aam baat ho gayi hai. Humein aisa lagta hai ki dhokha sirf relationship mein rehne wale couples ek doosre ko dete hain, lekin yeh bhi humari galatfehmi hi hai. Aksar dost bhi ek doosre ko dhokha de sakte hain. Ek aisa waqt aata hai jab humari dosti us shaqs se kaafi achhi hoti hai.

Ussey hume aur koi umeed ho ya na ho, lekin hum itna zaroor sochte hain ki humein kam se kam yeh shaqs dhokha toh nahi dega. Hum bahut khush hote hain, sab kuch achha chal raha hota hai, lekin achanak se woh dost jiske upar aapko bharosa tha, jiski dosti ke upar aapko bharosa tha ki chahe kuch bhi ho jaye, woh dhokha nahi dega, aapko dhokha deta hai.

Humara dil toot jaata hai. Haan, sahi padha, dil toot jaata hai, aur dil sirf couples ke break-up par nahi toot ta, jab dost ek doosre ko dhokha dete hain tab bhi dil toot ta hai. Dosti ko kuch log couples wali relationships se bhi upar maante hain, dosti mein bhi feelings hoti hain, dosti mein bhi umeedein hoti hai, dosti mein bhi break-up hota hai aur dosti mein bhi mohabbat hoti hai.

Humare jazbaat hote hain us rishte mein, aur jab koi shaqs us rishte ka mazaak bana ke chala jaaye toh humein bahut bura lagta hai. Hum overthinking karne lagte hain. Hum khud ko bewakoof samajhte hain aise insaan par bharosa karne ke liye, khud ko koste hain, aur darte hain kisi aur par bharosa karne se.

Kayi sawaal humein ghere rakhte hain jiski wajah se hum bahut zyada overthinking karne lagte hain. Dekho, kisi ke saath dhokha hona wakayi mein ek bahut zyada uncertain aur painful cheez hoti hai. Hum umeed nahi karte aisi dil tod dene wali cheez ki, lekin phir bhi jinke baare mein hum proudly sochte hain ki yeh kabhi humein dhokha nahi denge, jab unse humein milta hai dhokha toh rona, bura manna, bhi laazmi hai.

Chot lagegi dil par toh dard toh hoga hi, lekin khud ko blame karna koi samajhdari nahi hoti. Koi kabhi yeh nahi jaan sakta ki doosre insaan ke dil mein aap ke liye kya hai, kis nazariye se woh shaqs aapko dekhta hai, aap kabhi nahi pata laga sakte is baat ka.

Humein aisa lagta hai ki hum logon ko bahut achhe se jaante hain, par aisa hota nahi hai. Hum kisi ko utna hi jaan paate hain jitna woh chahte hain ki hum unhein jaane. Jitna woh humein dikhate hain, mehsus karate hain.

Aap sirf apni feelings ki, bond ki strength ki surety le sakte ho, par doosre shaqs ki nahi. Isliye khud ko blame karne ki bajaye is dhokhe se seekho ki kabhi kisi par aankh bandh karke bharosa nahi karna chahiye, chahe woh kitna bhi apna kyun na ho, kisi se itni zyada umeed nahi karni chahiye, chahe dosti kitni hi purani aur gehri kyun na ho.

Apne aap ko sambhalo aur thoda waqt do khud ko thik hone ka. Khud ko yeh bhi samjhao ki us insaan se dobara kabhi baat nahi karni, palat ke dekhna nahi usey jisne aapko dhokha diya. Jis insaan ki niyat dhokha dene ki hoti hai, uske saath rishta toot jaana hi achha hota hai, jitni jaldi uska asli rang saamne aa jaaye utna achha hai.

Yeh toh achha hua usne aisa kiya, warna aapko is zamane ki haqeeqat ke baare mein pata hi nahi chalta, kabhi rubaroo hote hi nahi aap. Yeh asliyat hai, yahan aisa hi hota hai, achhe, bure, har tarah ke log hote hain, aur hum har tarah ke logon se milte hain apni zindagi mein. Kaun pal bhar mein achhe se bura ho jaaye aur kaun bure se achha, yeh pata nahi chalta, aur jab hum issey guzarte hain, tabhi humari aankhein khulti hain.

Dost ho ya koi bhi, kabhi kisi par blind trust mat karo, sirf khud par bharosa karo aur khuda par bharosa karo. Yeh do hi hain jo aapko kabhi dhokha nahi denge, iske alawa duniya mein jo koi bhi hai, woh insaan hi hai, aur insaan ki kab niyat badal jaaye kuch pata nahi.

Overthinking dheere-dheere kam hone lagegi jaise-jaise aapko yeh baat realize hogi ki, dhokha dene wale ko aap kabhi nahi khote, khota woh aapko hai, khoya usne aise ek shaqs ko hai jo us par bharosa karta tha, jisko us par yakeen tha. Dheere dheere yeh waqt bhi guzar jayega aur aap bhi stable hone lagoge apni life mein.

Aaj bhale hi tarah tarah ke negative thoughts aapko pareshan kar rahe hain, par jaise-jaise waqt beetega, jaise-jaise aap seekhoge, tarah-tarah ke logon ko dekhoge, unki niyaton ko dekhoge, waise-waise is zamane ki haqeeqat ko samjhogey aur yeh negative thoughts bhi khatam ho jayenge aap ke. Bas waqt ko waqt do, sab thik ho jayega.

Paison Ki Wajah Se Ladai Hona

Paisa cheez hi aisi hai jo achhe-khaase rishte kharaab kar deti hai. Chahe baap-bete ka rishta ho, bhai-behenon ke aapas ka rishta ho, ya doston ka. Jahan paise ko maangne aur dene ka silsila shuru ho jaata hai, wahan kabhi na kabhi rishton mein dararein padni bhi shuru ho jaati hain.

Aksar doston ke beech mein kisi ek dost ko paison ki zaroorat padti hai aur woh apne dost se madad maangta hai. Kabhi mil bhi jaate hain, toh kabhi nahi bhi milte.

Zaroorat padne par aapne toh uski madad kar di, par jab aapko zaroorat padi toh woh ya toh bahane banane lagta hai ya woh madad karne ke kaabil nahi hota hai, ya uski niyat badal jaati hai. Wajah koi bhi ho, humein bura lagta hai ki humne tab uski madad kari jab usey humari zaroorat thi, toh woh kyun madad karne se peeche hatt raha hai.

Khaas kar tab toh aur bhi bura lagta hai jab us shaqs ke paas paise hote hain, lekin woh dene ki niyat nahi rakhta, ya pareshan bahut karta hai dene mein. Inhi sab wajahon se dimaag mein frustration hone lagti hai aur dost se ladai ho jaati hai.

Shayad aisa bhi ho ki aapka dost aap se paise lene ke baad lauta nahi raha hai aur aap ussey naaraaz hain. Dekho, paison ka maamla zara sensitive hota hai. Beshaq galat nahi ho aap, lekin aise ladai-jhagde karne ka bhi koi fayda nahi hai. Patience rakho aur thoda waqt do usey aapke paise lautane ke liye, agar liye hain toh der-saver de hi dega.

Agar is tarah ki cheezein repeat hone lagein toh aapko samajh jaana chahiye ki aapko kiski madad karni chahiye aur kiski nahi. Agar ek insaan ki niyat dene ki nahi hai, ya wapas karne ki nahi hai, toh usey dena bhi band kardo. Aap baar-baar uski madad karke usey financially independent banane ki bajaye dependent bana rahe ho, woh bhi aap par.

Aap ka baar-baar madad karna usey is baat ka ehsaas dilata hai ki jab bhi koi pareshani aayegi paison se related, woh sirf aapko hi yaad karega, isliye logon ki madad karo toh bhi ek limit tak hi karo. Aur jab bhi karo, toh yeh samajh ke karo ki, *'Neki kar dariya mein daal'*, matlab agar kisi ki madad kar rahe ho toh bhul jao karke, umeed karoge aur woh madad wapas nahi mili toh pareshan hogey, aur aapka mindf**k ho jayega.

Us situation mein madad karna bhi galat nahi hai jab woh shaqs aapse paise maangta toh hai, par samay par lauta bhi deta hai. Lekin maang ke kabhi lautana nahi aur baar-baar mangte chale jaana, yeh galat hai.

Doston ke beech mein jab-jab paisa aaya hai, dosti kharaab hui hai, isliye zyada len-den bhi nahi karna chahiye dosti mein. Aisa zaroori bhi nahi hota ki saamne waala lautayega paise. Kabhi kabhi woh is kaabil nahi hota hai. Uske halaat jab bigad jayein toh woh khud bebas ho jaata hai.

Aise mein bas patience rakhna chahiye aur kuch waqt ke liye bhul jaana chahiye. Uski niyat mein hoga toh woh khud dega, aur agar nahi hoga, toh maang-maang ke nikalwane se dosti kharaab hi hogi, kyunki paisa cheez hi aisa hai jo achhe khaase rishte kharaab kar deta hai.

Agar aapke paas bhi kisi dost ka paisa hai toh usey chukana shuru kar do, woh maange aap se toh bhi aur na maange toh bhi. Dooriyan aane lagti hain dilon mein paison ki wajah se, rishte kamzor padne lagte hain. Har kisi ke liye zaroori hai paisa aur har koi insecure hota hai apne paison ko lekar. Har koi chahta hai uska kam se kam udhaar ho kisi par aur na ho toh zyada achha hai.

Jealousy Ki Wajah Se Ladai Hona

Jealousy ek bahut negative feeling hoti hai. Jahan logon ke andar aapko lekar ya aapke andar doosron ko lekar jealousy aane lage toh relations kharab hone lagte hain. Kisike paas kuch bhi ho, kisiki zindagi kaisi bhi ho, kabhi bhi doosron ko dekh kar jealous nahi hona chahiye.

Kabhi humein lagta hai ki, '*Uske paas woh wali car hai, mere paas kyun nahi hai; uske paas aisa life partner hai, mere paas kyun nahi hai?*' Jab bhi kisi aur ke paas humse behtar ya humse zyada hota hai toh humare andar yeh jealousy wali feeling aane lagti hai.

Jisko jo milta hai woh uski kismat, mehnat aur karm se milta hai. Bhagwan aapse chheen ke kisi ko nahi deta jo aapko jalna chahiye logon se. Jo aapke paas hai aap uske shukrguzaar raho, kyunki jab apne se neeche jhaankoge toh shayad aapko utna bhi na mile.

Aise log bhi maujood hain is duniya mein jinke paas aapke jitna bhi nahi hai. Woh aapko aur aapki cheezon ko dekhkar aise sochte honge ki, *'Kaash main unke jaisa hota ya mere paas bhi yeh hota jo unke paas hai.'*

Bhagwan kismat se zyada aur kismat se pehle kisiko kuch nahi deta. Aap agar yeh sochte ho ki aapke dost ka lifestyle bahut achha hai aur aap se achha hai, uske parents ne usey bahut kuch diya hai aur aapke parents itna sab kuch afford nahi kar pa rahe hain toh jalne ki bajaye khud se promise karo ki aap itni mehnat karoge ki, aaj se behtar lifestyle banaogey, aaj se behtar wealth banaogey, apne parents ko bhi proud feel karaogey aur khud ko bhi proud feel karaogey.

Insaan gareeb paida ho jaaye toh uski koi galti nahi hoti, lekin aisa zaroori nahi ki woh gareeb hi marey. Har kisi ke paas din mein chaubis ghante hote hain. Ab yeh aap ke upar hai ki, aap kaise apne chaubis ghante istemaal karte ho. Un ghanton mein aap kis taraf, kin baaton mein dhyaan lagate ho. Insaan ki soch agar ameer hai toh woh bhi ek na ek din ameer ban jaata hai, aur ameeri sirf paise se nahi, balki ek achcha insaan banne se aati hai.

Agar jealousy aapko nahi aapke dost ko hai aapse aur unhi ki jealousy ki wajah se aap dono ke beech mein ladai ho gayi, usne kuch aisa kar diya jalan se jisse ladai ho gayi toh itna bhadakna nahi chahiye. Jalan kisi ko bhi ho sakti hai, jiske paas kisi cheez ki kami ho aur aap ke paas us cheez ki quantity ya quality bahut achhi ho toh insaan kahin na kahin mann mein jealous feel karta hi hai.

Aap aise logon ko ignore karo toh hi behtar hai, react karne se aap uski jalan khatam nahi kar sakte. React karne se roko apne aapko tarah-tarah ki situations mein, koshish karo apne ashaant mann ko shaant karne ki, us par kaabu paane ki.

Doosron ki feelings ko hum control nahi kar sakte, jo aapke baare mein jaisa sochta hai woh sochega, aap usey rok nahi sakte kuch sochne ya mehsus karne se. Bas aapko khud itna samajhdar banna hai ki aap kisi ki kisi bhi baat par itna zyada react na karo, khaas kar tab toh bilkul nahi jab wajah jealousy ho.

Overthinking mat karo aur apne mann ko shaant karo. Umeed hai yeh sab sunke aapko itni akal toh aa hi gayi hogi ki soch par kaabu paane ke liye apni feelings par kaabu paana zaroori hai. Sochta insaan tab zyada hai jab koi cheez feel karta hai. Feelings ko control karo, khaas kar tab to bilkul karo jab koi negative reaction ya to ho chuka hota hai ya hone wala hota hai, apne aap mann aur dimaag shaant ho jayega.

Burai Karne ki Wajah se Ladai Hona

Agar kisi ne aapki burai kar di hai aapke kisi dost se, ya aapke dost ne kisi se aapki burai kar di hai, toh itna dhyaan mat do. Jitne log hote hain duniya mein utni tarah ki baatein banate hain aur utni tarah ki soch bhi rakhte hain.

Kisi ki burai karne wala khud kabhi achha nahi hota. Log burai tab karte hain jab woh aapki barabari na kar sakein, jab woh aap se jealous feel karte hain, jab unhein aapke jaisa toh banna hota hai, lekin woh aapko gira kar khud uthna chahte hain aur jab koi aap se aage nikalna chahta hai.

Koi bhi shaqs kisi ki bhi burai bewajah nahi karta. Par wajah yeh nahi hoti hai ki aap wakayi mein ek bure insaan ho. Wajah yeh bhi hoti hai ki unhein aap dil se achhe nahi lagte aur kahin na kahin woh aap se jealous feel karte hain. Kisi ki burai humein bura nahi banati, duniya burai kare tab bhi hum bure nahi bante, bure hum bante hain apne karmo se, apni soch se, jisey sudhara ja sakta hai aur thik kiya ja sakta hai.

Shayad aapke kuch dost aise hain jo aapke saamne toh bahut achhe bante hain, lekin aapki peeth peeche aapki bahut buraiyan karte hain, taaki logon se aapke rishte kamzor ho jayein aur jiska fayda woh utha sakein. Aise doston se doori banana shuru kar do, kisi bhi tarah ki negativity ko zabardasti apni zindagi mein mat rakho, apni zindagi ko jitna zyada saaf-suthra rakhogey, aapki soch bhi saaf rahegi aur aapki zindagi mein khushiyan aur shaanti bani rahengi.

Sabse zyada ashaanti failaane wale bhi 'log' hi hote hain, jo bhi negative log hote hain unko apni zindagi mein panaah nahi deni chahiye warna, hum khud bhi unke jaise hone lagte hain.

Apni buraiyan sun ke humein bura toh lagta hai, khaas kar woh baatein jo sach hoti bhi nahi hain, par khud socho, kya aap logon ko buraiyan karne se rok sakte ho? Jitna aap dikhaogey ki aapko fark padta hai logon ki buraiyon se, log utna pareshan karenge aapko, utni baatein karenge aapke baare mein.

Agar unhein attention dete rahogey toh woh log woh cheez karne se rukenge nahi, kyunki unka maqsad hi hota hai pareshan karna aapko. Unhein attention dena band kardo, ek din ayega jab woh chup ho jayenge aur phir na aapko aur na unhein koi fark padega.

Bas, yeh samajh lena ki jo aapki peeth peeche aapki burai kare, woh insaan aap ka apna nahi ho sakta kabhi, na ek achha dost bann sakta aur na hi ek achha humsafar. Aise insaan se kabhi na toh koi umeed rakhna aur na hi koi rishta.

Agar aapko lagta hai ki aapke andar himmat nahi hai aise rishton ko khatam karne ki toh dheere-dheere unke saath rehna band kar do, unse baat karna band kardo aur dheere-dheere unki zindagi se door ho jao.

Maqsad aise logon ko apni zindagi se nikalna hota hai, ya toh aap unki zindagi se nikal jao ya unhein apni zindagi se nikaal do, bas maqsad pura hona chahiye. Logon se umeed karna ki woh bhi humari tarah sochein ya humse waise hi behave karein jaise hum unke saath karte hain waste hota hai. Kyunki aap apne aap mein bahut unique aur bahut special ho, har koi aap ke jaisa na soch sakta hai aur na behave kar sakta hai.

Achhe dost zaroor mil jaate hain, lekin sab achhe nahi hote, kis ke dil mein kya chal raha hai, kaun aapko lekar kya soch rakhta hai, kaisa feel karta hai, yeh aapko pata nahi chalta. Woh waisa hi dikhate hain khudko, utna hi dikhate hain khudko jitna woh chahte hain ki aap dekhein unhein. Isliye kisi ki achhai par itna bhi bharosa mat karna ki uske saath aati uski burai ko nazarandaaz karte chale jao.

Apne mann ko shaant karo aur aise shaqs se koi ladai karne ki zarurat nahi hai agar woh aap ke baare mein kisi se burai karta hai. Na toh aise shaqs se kabhi rishte gehre karo, aur na hi unse kisi bhi tarah ki koi umeed karo. Dekhna, mann bahut shaant mehsus karega. Sabse shandaar mantra hai yeh khush-haal zindagi jeene ka, na kisi se zaroorat se zyada attach ho aur na zaroorat se zyada umeed karo.

Jhooth ki Wajah se Ladai Hona

Jhooth achhe-khaase rishte ko khokhla karne lagta hai. Jahan hum logon se jhooth bolna shuru kar dete hain, hum unhe khud se door karne lagte hain. Aur yahi unke saath bhi hota hai—jahan woh jhooth bolna shuru kar dein, woh humein unse door karne lagte hain.

Dosti kuch logon ke liye bahut sensitive aur bahut serious relationship hoti hai. Kisi ke saath dosti hona aur us dosti ka gehra hona, is rishte ko bahut majboot bana deta hai. Aur jab humara khaas dost humse jhooth bole, koi chota-mota jhooth nahi, kaafi bada jhooth, toh humare andar gussa bhi aa jaata hai aur hum kayi baar lad bhi jaate hain usse.

Dekho, dosti mein sabr rakhna bahut zaroori hota hai, us sabr se hi hum apne aas-paas shaanti aur khushi banake rakhte hain. Negative baatein humein zyada affect na karein, hum yahi koshish karte hain. Agar humse koi jhooth bol de, aur maan le ki usne jhooth bola hai, toh ek baar ko usey sun lena chahiye ki, usne jhooth kyun bola. Kyunki kayi baar log aisi situation mein fass jaate hain ki unhein jhooth bolna padta hai us se bahar nikalne ke liye.

Agar usko sunne ke baad aapko aisa lagta hai ki haan, usne jhooth bol kar sahi kiya warna cheezein aur bhi zyada complicated ho jaati, toh aise mein us shaqs ko maaf kar dena chahiye aur life mein aage badhna chahiye. Jhooth bolna beshaq galat hai, par agar kisi ki niyat thik ho toh usey samajhna chahiye aur ussey keh dena chahiye ki yeh cheez aage se na ho.

Agar kisi ke jhooth badhte ja rahe hain toh aapko haq hai us shaqs se apni dosti khatam karne ka, kyunki zaroorat se zyada jhoothe insaan se kisi bhi tarah ka rishta rakhna sahi nahi hota humari mental health ke liye. Logon ka jhooth bolna humein bahut affect karta hai mentally, kyunki hum bahut zyada sochne lagte hain is baare mein.

Overthinking karne se behtar hai communicate karna aur janne ki koshish karna ki saamne wale ke mann mein kya hai, kyun jhooth bola usne, kya woh reason genuine hai ya woh bas farzi baatein kar rahe hain aapko manane ke liye. Baat karne se zyadatar problems ke solutions mil jaate hain.

Ab agar situation ulti hai ki usne aap se nahi, aapne ussey jhooth bol diya hai aur usey pata bhi chal gaya hai toh aapko sabse pehle yeh samajhna chahiye ki aapne galti ki hai. Choti-moti nahi, bahut badi galti ki hai. Aur bhale hi aap usey manaoge, samjhane ki koshish karogey, yakeen dilaogey ki aapne jhooth kyun bola, kyun majboor ho gaye the aap jhooth bolne ke liye, aur tab agar aap sach bhi bologey toh bhi woh insaan shayad aapko maaf na kare.

Aksar hum yeh nahi samajh paate ki logon ke liye kaunsi cheez kitni badi hai aur kitni nahi. Jhooth bolne par maafi milna ek aam baat samajhte hain log, isiliye himmat bhi kar lete hain jhooth bolne ki, lekin har baar hamesha aisa nahi hota. Kisi-kisi ke liye jhooth bolna ek jurm jaisa hota hai, jo woh bilkul bardaasht nahi kar paate aur apne rishton ko khatam kar dete hain usi point pe.

Aise log aksar friendship ho ya koi or relationship, hamesha bata dete hain shuruwaat mein hi ki unhein jhooth bolne wale log pasand nahi hain, jhooth se nafrat hai, aur humein us cheez ko for granted kabhi nahi lena chahiye. Kyunki, jhooth mein itni taqat hoti hai ki woh achhe-khaase rishton ko khatam kar dete hai pal bhar mein hi.

Ab jo agar jhooth bol diya hai toh manane ke alawa aap kuch nahi kar sakte. Yeh toh logon ke haath mein hota hai ki woh aapko dobara accept karein ya nahi. Yahan pe logon ko impress karne se kuch nahi hota, special feel karane se kuch nahi hota, unka aap par bharosa hona hi unke liye special feel hone jaisa tha. Ab agar bharosa tod diya hai aapne toh kisi aur tareeke se special feel nahi kara sakte.

Unse waqt maangiye, unse chances maangiye, aur maangne ke saath-saath sabr karna bahut zaroori hai. Agar sabr rakh sakte ho toh phir bhi ek baar ko haasil kar loge unse us rishte ko jo toot gaya, lekin agar sabr nahi hai toh unhein puri tarah kho dogey.

Bina Wajah Door ho Jaana

Ladai hone par dosti khatam ho jaana aam baat hai, kisi baat ka bura lag jaane par dosti khatam ho jaana bhi aam baat hai, propose karne par dosti khatam ho jaana bhi bahut sunne ko aur dekhne ko milta hai. Par tab kya hoga jab aapko wajah hi na pata chale dosti khatam ho jaane ki?

Matlab jis insaan se kuch waqt pehle tak toh sab sahi tha, par jaise-jaise waqt beeta dosti kahin gum si ho gayi. Na zyada baat hoti hai, na milna hota hai, pehle waqt guzara karte the sang, par na jaane kyun ab na koi text aata hai aur na hi koi call, jaise apni-apni zindagi mein aage badh gaye.

Kabhi toh yeh one-sided hota hai, toh kabhi two-sided bhi hota hai. Kabhi aisa hota hai ki dono apni life mein aage badh gaye aur apne-apne mein busy ho gaye, studies, career, aur apne aapko successful banane mein. Toh kabhi yeh bhi hota hai ki koi ek aage badh jaata hai aur doosra baitha hua yahi sochta reh jaata hai ki *'Ab woh baat kyun nahi karte?'*

Hum soch mein pad jaate hain ki kyun ek insaan ka behaviour humare liye change hone laga? Kyun kal tak humko ek achha dost samajhne wala shaqs ab baat bhi nahi karta? Hafte, mahine beet gaye, lekin ab ussey koi baat hi nahi hoti.

Jaanne ki koshish bhi karo tab bhi kabhi koi khaas jawaab nahi milta aise logon se. Yeh sab baatein soch-soch kar mindf**k hone lagta hai, khud par doubts hote hain, doosron ke liye kayi sawaal hote hain par jawaab dhundne se bhi kahin nahi milta.

Hum khud par doubt karne lagte hain ki kya humse koi galti hui? Kya hum kahin galat the? Kya humari kisi baat ka bura maan gaya woh? Aise kayi sawaal hum khud se bhi karte hain, par waqt nikalta chala jaata hai, lekin koi jawaab nahi milta.

Dekho, door hone ki wajah hamesha hoti hai. Aisa kabhi nahi hota ki koi aap se door ho jaaye aur uski koi wajah nahi ho. Jo pata chale sirf wahi wajah nahi hoti; door jaane wala shaqs aksar apne saath ye raaz bhi le jaata hai ki aakhir wo door hua kyun. Kayi reasons ho sakte hain uske aisa karne ke.

Yeh ho sakta hai ki uski kisi aur se dosti ho gayi, aur woh dosti bhi gehri hoti chali gayi waqt ke saath-saath, aur uske liye ab aap itne zaroori nahi rahe. Aksar log humein replace kar dete hain, jis jagah unhone humein rakha tha apni zindagi mein ab woh jagah woh kisi aur ko de chuke hote hain. Yeh hota hai aur yeh sach hai, hum sab ka koi na koi replacement hota hai aur ho sakta hai.

Ab koi kisi ko directly yeh nahi batata ki usne aapko kisi se replace kar diya hai. Log chup chaap us dosti ko khatam kar dete hain aur aage badh jaate hain apni nayi dost ke saath. Chhod jaate hain toh bas yaadein aur kissey, aur bura is baat ka lagta hai ki unhe koi fark bhi nahi padta.

Ek wajah yeh bhi hoti hai ki usey aapke baare mein kuch pata chala ho, jis cheez ko usne aap se discuss karna ya saamne se confirm karna zaroori nahi samjha. Waise toh yeh bahut hi kharab tareeka hai dosti todne ka, lekin aisa bhi hota hai. Kisi ne uske kaan bhar diye ho aapke khilaaf, ya kisi ne aap dono ki dosti todne ke chakkar mein usko aapke khilaaf khoob bhadka diya ho, aur ussey bhi itna nahi hua ki woh saamne se aakar baat kare is baare mein. Kisi ko kuch bhi pata chale teesre se toh hamesha us insaan se ek baar baat karni chahiye jiske baare mein pata chala hai.

Apni dosti ko aur apne bharose ko itna kamzor bhi nahi banana chahiye jo aap kisi teesre ke bhadkaane se bhadak jayein aur negative actions bhi lene lage us dosti ke khilaaf. Agar unhone aisa kiya hai toh aapko obviously nahi pata chalega ki wajah kya thi unke door hone ki.

Ek baat yahan par kehna chahunga. Log aksar kya karte hain ki jab unke dost unse door hone lagte hain bewajah toh woh ego mein aa kar baat nahi karte unse, yeh soch kar ki '*Agar usey fark nahi pad raha toh main bhi kyun karun?*'

Dekho, agar aapko wakayi mein fark nahi pad raha hota toh aap shayad kabhi itni baat sochte bhi nahi. Lekin kyunki aap soch rahe ho aur aapko fark bhi pad raha hai toh ek baar unse baat zaroor karne ki koshish karna apne satisfaction ke liye, taaki aapka dimaag shaant ho sake jo itni overthinking kar raha hain.

Kya pata issey aapko aapke sawaalon ka jawaab mil jaye. Kayi baar saamne wala shaqs bhi aap hi ka intezaar kar raha hota hai yeh soch kar ki agar aap aaogey toh thik warna woh bhi nahi aayega. Koi izzat kam nahi ho jaati, koi self-respect par baat nahi aati kisi ke paas ek baar ja kar itna poochne mein ki, '*Ab baat kyun nahi karte ho?*' Lekin, aisa karne se ek raasta zaroor mil jaata hai negative thoughts ko dimaag se bahar nikalne ka.

Bewajah door hone ki ek wajah yeh bhi ho sakti hai ki woh insaan apni life mein aage badh gaya. Uski priorities alag hain, uski priorities relationships bana kar chalna nahi balki apne dreams or apne goals ko achieve karna hai. Har koi rishton ko itna seriously nahi leta, dosti ke rishte toh aise hote hain ki saalon-saal baat nahi hoti, phir bhi jab milte hain toh aise milte hain jaise wahi purane dost ho, toh har kisi ke liye dosti ke maayine alag hain.

Har insaan ko haq hai apne tareeke se zindagi jeene ka, lekin hum yeh bhul jaate hain ki kisi bhi rishte ki taraf humari kuch zimmedariya hoti hain, choti hi sahi par hoti zaroor hain. Jab hum un zimmedariyon se chookte hain, tabhi hum khud ya humare dost humari wajah se hurt hote hain.

Aise log jo relationships ko priority nahi dete, unse umeed kabhi nahi karni chahiye ki woh waise hi rahein humse jaise hum unke saath rehte hain. Unki zindagi aur unki soch kaafi alag hoti hai humse. Aur agar is tarah koi aap se door ho raha hai toh usey ho jaane do, na uska peecha karo, na usey rokne ki koshish karo, aur na hi ussey dil lagane ki koshish karo. Aap jitna tez unke peeche bhagogey, woh utna aage nikalte chale jayenge. Isliye kisi ka aana accept karte ho toh kisi ka jaana bhi accept karna seekho.

Zyada overthinking karke apna mindf**k mat karo. Har kisi ki apni priorities hoti hain. Agar kisi ki aap nahi ho toh koi baat nahi, kisi ko force nahi kar sakte hum ki woh humein apni priority banayein. Jaise logon ki apni priorities hoti hain, aapko bhi zaroorat hai apni priorities change karne ki taaki aap logon se umeed karke, logon mein khushiya dhundke, dukhi na ho.

Doston se judi kisi bhi baat par utna soch-vichaar karo jitna zaroori hai. Kisi bhi baat ko lekar itna mat socho ki woh baat kuch na ho kar bhi aapko bahut kuch lagne lage. Choti-choti baaton ko hum zaroorat se zyada soch kar bahut bada bana lete hain. Apne mind ko is tarah train karo ki woh yeh samajh paaye ki choti baat kaunsi hai aur badi baat kaunsi hai, sahi baat kaunsi hai aur galat baat kaunsi hai.

Jab yeh difference samajh aane lagega, toh har sawaal ka jawaab bhi milne lagenge aur reactions par bhi control ho payega. Yeh sab cheezein humein koi nahi balki humari life ke experiences hi sikhate hain. Hum jaise-jaise jo-jo experience karte hain apni life mein, waise-waise hum mature hote hain aur humein samajh aane lagta hai ki kaunsi problem ke saath kaise deal karna hai, kaunsi baaton ko lekar kitna sochna hai, aur kaunsi baaton ko nazarandaaz karna hai.

Jo achhe dost hain aapki zindagi mein, unhein appreciate karo, unke hone par shukrguzaar raho bhagwan ka kyunki aise kitne log hain jinhein ek achha dost bhi naseeb nahi hota hai. Isliye kadr karo jo aapke paas hai, chahe woh ek dost ki form mein hi kyun na ho.

Aur agar akele ho, koi dost nahi hai toh yeh bhi koi itni buri baat nahi hai. Nahi hote kuch logon ke dost, aur agar hote hain toh itne achhe nahi hote. Koi baat nahi, jo nahi hai, so nahi hai. Zindagi tham thodi jayegi kisi ke hone ya na hone se. Aaj nahi toh kal ek achha dost bann hi jayega, aur agar nahi bhi banta hai toh khud mein ek achha dost dhund lo, kisi soft toy mein, upar wale mein, ya kisi pet mein ek achha dost dhund lo.

Sab mindset ki baat hai. Dost aksar insaano ki form mein nahi milte. Kabhi kabhi jaanwaron ki form mein milte hain, kabhi nature ki form mein milte hain, kabhi kisi bhagwan, toh kabhi kisi object. Jo hai, jitna hai, usi mein sabr karna seekho. Akele insaan ke paas kuch khone ke liye nahi hota.

Yeh akelapan aapki kamzori nahi, aapki taakat hai. Issey door mat bhaago, isko gale lagao aur apnao. Iske baare mein soch-soch kar pareshan mat ho, jo hai uski kadr karo, aur jo nahi hai uske baare mein zarurat se zyada mat socho. Jo taqdeer mein likha hai, woh sab ko milta hai. Na ussey pehle, na ussey zyada kisi ko milta hai. Doosron ke safar par dhyaan mat do, aap sirf apne safar par dhyaan do.

Dosti se jude lag-bhag har sawaal ka jawaab umeed hai aapko mil gaya hoga, aur agar abhi bhi koi sawaal baaki hai toh uske jawaab ko in shabdon ke jungle mein khojogey toh zarur mil jayega. Bhale hi seedha jawaab na mile, par samajh zaroor ajayega ki ab aage karna kya hai.

Overthinking friendship mein kayi wajahon se ho sakti hai. Lekin isko rokne ke liye khud ko bas yahi samjhana hota hai ki jo haath mein hai aur badla ja sakta hai, usey badal do. Jo haath mein nahi hai aur badla ja sakta hai, usey badalne ki koshish karo. Aur jo na haath mein hai, aur na hi badla ja sakta hai, uske peeche apna waqt zaaya mat karo. Waqt behad keemti hota hai, bas itna samajh jao, dimaag ko shaanti bhi milegi, aur overthinking karna bhi kaafi hadd tak kam ho jayega.

CHAPTER 5

Academics, Career aur Professional Life Mein Overthinking

Career humari zindagi ka woh hissa hota hai, jiski tension humein kaafi kam umr se hi hone lagti hai. Pandrah-solah saal ki umr se hi jab hum Class 9 aur Class 10 ki ore badh rahe hote hain, humare dimaag mein ek nahi hazaaron sawaal aane lagte hain ki aakhir aage kya hoga? Bahut se students bachpan mein hi apna career decide kar lete hain ki bade ho kar hum doctor, engineer, businessperson jaisa kuch banenge.

Jaise-jaise woh classes mein aage badhte hain, kuch students ko samajh aata hai ki unka kis subject mein interest hai, toh unhein clear ho jaata hai ki unhein aagey kaise kya karna hai. Lekin bahut se students aise bhi hote hain, jinhein kaafi umr tak samajh nahi aata ki aakhir aage chalke woh kya karenge, kis field mein jayenge, kis kaam ko karna pasand hai unhein. Woh khud ke talent ko, khud ke interest ko khoj hi nahi paatey aur overthinking karne lagte hain.

Overthinking sirf career choose karne ko lekar nahi hoti, school life mein marks ko lekar bahut zyada tension hoti hai students ko aur sirf marks ko lekar hi nahi, sabse aage nikalne ki bhi tension hoti hai. Second na aa jayein isko lekar bhi tension hoti hai aur fail ho jaane ki bhi tension hoti hai.

Tenth tak aate-aate bahut students ko yeh clear nahi hota ki woh aage kaunsa stream choose karenge. Commerce mein interested students Commerce lete hain; Science jinhein leni hoti hai, woh uss ore badhte hain, aur Arts mein interested students wohi stream choose karte hain. Lekin kayi baar aisa bhi hota hai ki Science ki ichcha rakhne wale student ko Commerce mein jaana pad jaata hai aur woh bahut confuse ho jaata hai ki jo usne bachpan se socha tha ya jo banne ka sapna dekha tha, woh ab us field mein ja hi nahi payega, aur bahut overthinking karna start kar deta hai.

Jaise-taise 10th aur12th clear ho jaane ke baad college mein admission ki tension, college kaunsa mil raha hai aur kaunsa nahi uski tension, college kaise jaana hai kaise nahi uski tension. College mein admission ke baad kayi cheezon, zimmedariyon se ghir jaate hain students aur tension ka toh jaise bawandar hi aa jaata hai zindagi mein.

College jaise-taise nikal jaata hai aur phir tension aati hai job ki, ya business ki, ya kisi start-up ki, aur woh point hota hai jispe saari zindagi tiki hoti hai. Shuruwaat is tension ki 10th se ho jaati hai, aur chalte-chalte college ke aakhiri din tak aa jaati hai, fir job ki talaash, usme grow karne ki tension, job nahi toh business aur usse judi hazaar pareshaaniyan. Kuch logon ki khwaish hoti hai apna kuch shuru karne ki toh uski bhi tension rehti hai, kya karenge, kaise karenge.

Kul-milake career humari zindagi ka woh part hota hai, jo humare liye sabse zyada zaroori hota hai aur isliye humein uski tension bhi bahut hoti hai. Toh hum aage career se jude aise kayi saare aspects ki baat karenge, jinke baare mein hum kaafi zyada overthinking karte hain, pareshan hote hain, bahut si baar depressed bhi ho jaate hain, aur kuch log suicide jaise raaste ke baare mein bhi sochne lagte hain.

Shuruwaat hum karenge jab hum 10th mein aate hain, kyunki sirf padhai hi nahi, balki zindagi ka asli imtehaan humara 10th se shuru hota hai, jahan se humare upar pressure padna shuru ho jaata hai sabse zyada marks ka.

Class 10 se Judi Kuch Baatein

Jab hum 10th mein aate hain toh humare upar pressure hota hai aage ki stream lene ka. Generally teen streams hi hoti hain—Science, Commerce aur Arts. Bahut se students ko yeh sikhaya jaata hai ki Science woh lete hain jo sabse zyada hoshiyaar hote hain, Commerce woh lete hain jo padhai mein average hote hain, aur Arts woh lete hain, jinka padhai mein koi interest nahi hota.

Yeh sabse bada jhooth hai. Agar aapne socha hai ki aapko aage science field mein jaana hai, aapka science ke subjects mein mann lagta hai, aapka interest aata hai science padhne mein toh science ke liye prepare karo. Agar aapka mann science mein nahi lagta, na aap se maths achhe se hoti hai, na physics samajh aati hai, aur na hi chemistry ya biology, toh aap Commerce ya Arts mein se kuch bhi le sakte hain.

Kisi ke pressure mein aa kar ya doosre kya le rahe hain woh dekh kar apni stream decide mat karo. Is samay hum apne doston ko bahut follow karte hain, jis stream mein humare dost ja rahe hote hain hum bhi usi stream ko lena prefer karte hain. Ya koi khaas, jiske saath hum waqt bitana chahte hain classroom mein, uske chakkar mein hum le toh lete hain stream, par aage chal ke hum bahut zyada problems face karte hain. Isiliye kabhi bhi doosron ko dekh kar stream choose mat karo. Apni capabilities, apne interest ke basis par stream select karo. Kyunki iske baad jo bhi padhai hogi agle paanch-saat saal tak woh aapke decision par hi based hogi.

Agar zyada time beet gaya hai toh aap switch nahi kar paoge apni streams or subjects. Isliye jo bhi stream lena, soch-samajh kar lena; jo subjects lena, soch-samajh kar lena. Bhale hi uske liye apne doston ke saath se compromise karna pade ya apne favourite teachers se compromise karna pade, lekin jo bhi stream lena, soch-samajh kar hi lena.

Agar confused ho ki kaunsi stream lu toh iska seedha-saada jawaab hai, jis field ya subject mein aapka interest hai. Koi kitna bhi kahe ki woh stream achhe students nahi lete ya uska koi future nahi hai, aisa kuch bhi nahi hai, har stream ka future hota hai. Aapka future aapki streams nahi, aapki knowledge, aapke andar ki art, aapka interest, aapka dedication us kaam ko karne ka, yeh sab decide karte hain.

Kayi baar parents ka pressure hota hai, kayi baar relatives ka pressure hota hai, kayi baar kisi aur ka pressure hota hai aur hum us pressure mein galat decision lete hain. Har student ki apni capabilities hoti hai, na hi har student class mein first aa sakta hai aur na hi fail ho sakta hai. Apne aapko waqt do decision lene ka, apne badon se discuss karo ki unka kya opinion hai aur aap career counselling bhi kar sakte hain, jissey aapko ek better overview mil jayega ki aapko aage kya karna chahiye aur kya nahi.

Lekin, overthink karne ki zarurat nahi hai. Dekho, har problem ka koi na koi solution nikal hi aata hai. Is problem ka solution samne hi hai, bas usey pehchaanne ki aur usko implement karne ki der hai. Jaise hi ho jayega, aapko samajh aa jayega ki aapko aage kya karna hai. Samajh sakta hu ki yeh waqt bahut keemti hota hai aur kaafi kuch depend karta hai iss par, jaise ki aapka future aur aapka career. Lekin yakeen manna, raaste apne aap khulte chale jaate hain, bas aapko khud par vishwaas hona chahiye.

Class 12 se Judi Kuch Baatein

Class10 se aage badhte hain, fir Class 11 mein aate hain. Eleventh clear hone ke baad aati hai humari school life ki sabse aakhiri class, 12th. Yakeenan, Class 12 ek aisi class hoti hai jo itni jaldi khatam ho jaati hai ki hum soch bhi nahi paate. Har class shuru hoti hai aur pure saal tak chalti hai, lekin class 12 jab shuru hoti hai toh humein waqt ka zara bhi andaaza nahi hota.

Padhai ki tension, future ki tension, friendships, relationships, farewell ... itne sab kuch se hum ghir chuke hote hain ki humein ehsaas hi nahi hota ki kab yeh class nikal gayi aur kab yeh saal guzar gaya.

Beshaq Class 12 yaadon ka pura dariya hota hai jisme aaj tak ki saari classes mil jaati hain jaise nadiyan samandar mein mil jaati hain. Khushiyan toh bahut judi hoti hain isme par gum bhi hazaar hote hain. Yeh aakhiri saal hota hai, jahan ek hi chhat ke neeche saare ke saare dost rehte hain, padhte hain, masti karte hain, shaitaaniyan karte hain, aur laakhon-croron yaadein banate hain.

Lekin sirf achhi-buri yaadein hi nahi, yeh class bahut tension bhi lekar aati hai zindagi mein. Jo students padhai mein achhe hote hain, unhein sabse aage aane ki tension hoti hai. Jo average students hote hain, unhein achha score karne ki tension hoti hai, aur jo padhai mein kamzor hote hain, unhein pass hone ki tension hoti hai.

Har dimaag pareshan hota hai, pressure cooker ki tarah dimaag ki seeti baj rahi hoti hai. Itna competition, itni tough padhai, aur har student yahi soch raha hota hai ki jo woh chahta hai, jis cheez ki tayaari karna chahta hai, woh clear ho jaye aur jo banna chahta hai, woh ban jaaye.

Ruko zara, thoda araam se karo cheezein, itni tension lekar padhai karogey, kuch samajhne ki koshish karogey, kuch yaad karne ki koshish karogey toh, kuch nahi ho payega. Tension lekar padhai karna itna asaan nahi hota. Aur sirf achha score karna zaroori nahi hota. Achhe score ke saath saath knowledge gain karna bhaut zaroori hota hai.

Humare upar pressure hota hai achha score karne ka, sabse aage aane ka, us chakkar mein hum yeh bhul jaate hain ki, padhai ka maqsad, in books ka maqsad sirf score karna nahi, inse knowledge gain karna hai, agar woh nahi kiya toh aapke 100 out of 100 score karne ka bhi koi fayda nahi kyunki, aage chal kar, job interviews mein aapke score se zyada aapki knowledge test ki jaati hai. Yeh baat shayad hum 12th mein reh kar nahi samajh paatey, lekin yeh sab humein bahut late samajh aata hai.

Isiliye, jo bhi padh rahe ho, jitne bhi der padh rahe ho, usey achhe se samajh ke padho taaki ussey kuch seekho, kuch knowledge gain kar sako, na ki sirf score karne ke liye padho. Scores aapko kuch saalon tak aage dhakel sakte hain, lekin aapki knowledge, aur aapki kabiliyat aapko zindagi ki mushkil se mushkil job, business ya koi bhi task ko complete karne mein help karegi. Life mein sirf career se related hi challenges nahi aatey, challenges life mein aur bhi aate hain, jinko aap achhe marks se nahi balki achhi knowledge se face kar sakte hain.

Jab kaabil banogey, knowledge gain karogey, har ek cheez ko samajh ke chalogey toh scores apne aap improve ho jayenge, isliye scores se zyada padhai pe dhyaan do. First ki jagah second bhi aa jao toh koi baat nahi, lekin aapki knowledge, aapki samajhdari us first aane wale student se zyada behtar hai toh aap bhale hi class ya subject mein second aaye hain, lekin aap life mein first aa gaye ho aur aage rahogey.

Bhale hi 12th class kitna hi daraye, uske exams, uska result kitne hi darayein, lekin aapko darr-darr ke nahi balki sachche mann se padhai karni hai. Doosron ke liye nahi, khud ke liye karni hai. Zindagi aapki hai, career aapka hai, jo milega aap hi ko milega. Jo bo-ogey, wahi katoge. Jo karogey, aap hi karoge, toh better hai aap achhe se apne liye aur sachche mann se padhai karo, results ya marks ko lekar overthinking mat karo.

Jitna zyada time sochne mein waste karogey, utna agar padhne mein laga do toh bahut kuch gain karogey. Tension zaroor hoti hai is waqt apne career ki, lekin tension lene se kabhi koi insaan zindagi mein aage nahi badha hai, balki peeche hi raha hai. Relax karke padhai karo, achhe se mann laga ke karoge, toh zaroor success milegi.

Class 12ke Baad Kya Karein?

Class 12 clear hone ke baad ek aisa samay aata hai, jab bahut se students, atak jaate hain ek jagah par, jahan par unhein yeh decide karna hota hai ki woh kaunsa course karein aagey. Kaunse college mein admission lein? Kaunse competition ki tayari karein?

Jidhar dekho log admission ke liye bhaag-daud macha rahe hote hain. Agar aap ke saath ke dost admissions lena shuru kar dete hain, apply karna shuru kar dete hain aur aap tab bhi confuse hote hain ki, ab aapko aage kya karna chahiye toh aap bahut overthinking karne lagte hain.

Dimaag mein yahi chalta rehta hai ki, *kya karein? Kaunsi field mein jaayein aur aage ki life kaisi hogi? Career kaisa hoga? Job kaisi hogi? Kaam kya kar rahe honge?* Aisi kayi baatein dimaag mein chal rahi hoti hain aur humein kayi baar guide karne wala koi bhi nahi hota.

Chinta mat karo, yeh phase har student ki life mein aata hai. Bahut se bachhon ka vision crystal-clear hota hai ki unhein aage chal ke kya karna hai, lekin bahut se students khud ko explore nahi kar paate hain, unhe yeh tak nahi pata chal paata ki woh kya karna chahte hain apni life mein, kaise aage badhna chahte hain, unka interest kis cheez mein hai. Aise sawaal agar aapke mann mein bhi chal rahe hain toh, kuch baaton ka dhyaan rakhiye.

Sabse pehli aur sabse zaroori cheez: itni tension mat lo, jo bhi karogey life mein, jahan bhi jaogey, jis field mein jaogey, jis profession ki ore badhogey, raaste apne aap khulte chale jayenge. Ho sakta hai jo field choose karo, usey aage jaa kar change kar do, koi job kar rahe ho aur aage ja kar puri ki puri job hi switch kar do.

Hum aksar pehle se soch kar chalte hain ki, hum yeh karenge, woh karenge, lekin jaise-jaise hum aage badhte hain, grow karte hain, ya toh humein kuch aur ideas aa jaate hain, ya humara interest kisi aur cheez mein develop karne lagta hai. Twelfth ke baad jo bhi karogey, us par aapka pura career dependent ho, aisa bilkul bhi zaroori nahi hota.

Life bahut zyada unpredictable hoti hai, kuch pata nahi agle mod par kya ho jaye, ya kuch saalo mein kitna kuch badal jaye, kuch pata nahi rehta, aaj hum kya kar rahe hain aur agle kuch mahino ya saalo mein kya karne lagenge, kuch pata nahi chalta. Logon ki zindagi mein aise aise incidents ho jaate hain ki, unki zindagi pal bhar mein badal jaati hai.

Sochte kuch hain aur kar kuch rahe hote hain. Isliye zaroori nahi ki hum jo soch kar chalein, aage humare saath wahi ho. Jo humari destiny mein likha hai, wahan tak humein woh pahucha hi deti hai, maangti hai toh bas bahut saari mehnat aur lagan.

Life mein jo bhi bano, chahe writer bano, engineer bano, doctor bano, designer bano, aise bano ki aap se behtar koi ho hi na, na is sheher mein, na is desh mein, aur na is duniya mein. Aapka jis cheez mein, jis kaam mein, jis field mein interest ho, uski ore aage badho. Agar kisi bhi field mein interest nahi hai ya samajh nahi aa raha toh ek basic course se shuruwaat karo, lekin apne aap ko roko mat. Aage badhte jao, jahan apne aap ko rok liya toh waha dikkat ho jayegi. Achhe se research karo internet par ki kaun-kaunsi fields hoti hain.

Class 12 ke student ko at least itna toh pata hota hai ki woh kya kaam behtar tareeke se kar sakta hai, usko kya achhe se karna aata hai. Agar aapko itna bhi clear ho jaaye toh aapko uske baare mein research karne mein problems nahi hongi. Kya field hai, uska process kya hai, admissions kaise aur kab tak honge, criteria kya hai, eligibility kya hai, har cheez samajh mein aa jaati hai.

Jis field mein bhi jaogey, aage badhte jaogey aur raaste khulte jaayenge. Bahut se colleges mein toh option hota hai starting ke kuch days ya months mein course switch karne ka, toh agar aapke saath aisa kuch ho jaaye ki aapke admission lene ke baad aapko realize ho ki aapko kuch aur karna tha ya aap ko kisi aur course mein interest aa jaaye toh woh bhi aap kar sakte ho.

Ek insaan ka tension-free hona bahut zaroori hota hai, choti-choti baat par panic karna, overthinking karna sahi nahi hai. Araam se baith kar thande dimaag se agar sochoge toh zaroor aapko koi na koi raasta dikhayi dega. Haan, jaldbaazi mat karo kuch bhi karne ki, apne aap ko waqt do sochne-samajhne ka, achhe se research karne ke baad hi kisi decision par pahuchna. Apne parents se, ya apne bade bhai-behen se, ya fir kisi teacher se zaroor discuss karo koi bhi decision lene se pehle, kyunki ek experienced insaan ki advice bhi zaroori hoti hai.

Jaise-jaise hum life mein aage badhte hain, jaise-jaise humara mind explore karta hai aur grow karta hai, waise-waise humein humara vision clear hota chala jaata hai. Class 12 ka student bhi itna experienced nahi hota jo apne pure career ko usi waqt decide kar le. Jo hote hain woh apne direction mein jaane lagte hain par jo nahi hote woh bhatakte hain.

Bhatakna bhi koi zindagi bhar ke liye nahi hota. Aisa mat socho ki agar aaj galat decision le liya toh ab aage ki puri zindagi barbaad, ya pura career khatam. Khatam kuch nahi hota, raaste apne aap khulte hain jaise hi hum apni journey ko fir se shuru karte hain, haarte hum tab hain jab hum yeh samajh lete hain ki hum haar gaye.

Idhar-udhar haath-pair marte raho, kuch naya try karne se peeche mat hato, kuch naya seekhne se bhi peeche mat hato. Jahan ho, jo kar rahe ho, usey pure dil se karo, puri khushi ke saath karo, woh zaroor achha lagega, aur agar jo kar rahe ho usme zara bhi khushi nahi mil rahi toh apne aap se pucho ki aakhir kya kar ke khushi milegi. Fir jo karke khushi mile wahi karna shuru karo. Aakhir mein khushi hi maayine rakhti hai, chahe aap life mein kuch bhi kar rahe ho, agar aap khush nahi ho apne kaam se, apne profession se, toh aap kabhi usme grow nahi kar paoge.

Agar Fail Ho Gaye Toh Kya Karein?

Fail ho jaana, khaaskar Class 12 mein, sabse zyada affect karta hai ek student ke mind ko. Fail hone ke baad jo circumstances hote hain, woh ek student ki mental health ko bahut bigaad sakte hain. Parents ka pressure, relatives ka pressure, society mein aapki or aapke parents ki badnaami, friends ka pass ho jaana aur aapka fail ho jaana, yeh sab aapko bahut zyada negative feel karane lagta hai. Negative aur suicidal thoughts aane lagte hain.

Apne future ko lekar bahut insecure feel hota hai, saal barbaad ho gaya is cheez ko lekar kaafi depression hota hai. Mehnat kari thi ya nahi kari thi, ussey koi fark nahi padta, kyunki woh cheez koi nahi samajhta. Har koi demand karta hai marks ki, pass ho jaane ki aur jab aapki saari mehnat ke baad bhi aapka result achha na aaye aur aap fail ho jaaye toh aap depression mein chale jaate hain. Parents ko face karne mein darr lagta hai—pitayi ka darr toh hota hi hai, lekin uske saath-saath khud ki nazron mein gir gaye, aise thoughts bhi aate hain. Tum ghabrao nahi, aur meri baat dhyaan se padho.

Main samajh sakta hu ki aap ne mehnat kari thi aur aap fir bhi exam clear nahi kar paaye. Lekin khud ko loser mat samjho. Losers woh hote hain jo khud ko haara hua maan lete hain aur koshish karna band kar dete hain. Agar aap aaj fail ho bhi gaye toh kya dobara koshish karna ya attempt karne ka option nahi hai? Bilkul hai, agar ek baar mein exam clear nahi ho paaya toh dobara mehnat karna. Daant mile kisi se, maa baap mein se koi maare toh bhi koi baat nahi, bhale hi maar kha kar mehnat karna, lekin phir se koshish zaroor karna.

Apne aap ko itna haara hua mat samjho. Yeh samajhne ki koshish karo ki aakhir galtiyan hui kahan, kami aapki tayaari mein thi ya aap ne jo exam sheet mein likha hai usme thi. Kayi baar humein answers pata hote hain, lekin hum unhein achhe se likh nahi paate. Agar aapko yeh pata hai ki aap ne tayari puri imaandari se nahi ki thi toh galti aapki hai aur aapko yeh galti accept karke, aage aur bhi zyada mehnat karni hogi, taaki dobara fail na ho jao.

Agar aapko aisa lagta hai ki kami aapki tayaari mein nahi balki aap ke answers ko achhe se na likhne mein thi toh aap apne us weak point ko improve karo, kyunki jab tak exams clear nahi ho jaate, saare subjects mein aap pass nahi ho jaate, tab tak aage nahi badh paogey.

Isliye apni kami ko samajhna bahut zaroori hai, kahan galti hui hai, kis cheez ki wajah se hui hai, us cheez ko thik karo aur ek baar fir koshish karo. Pachhtava karne se baith ke rone se kuch badlega nahi, beete hue kal ko nahi badla ja sakta, sirf aaj ko thik kiya ja sakta hai taaki aane wala kal thik ho aur beete hue kal se behtar ho. Humare aaj ke actions kahin na kahin humare kal mein reflect zaroor hote hain.

Jo hua us par baithke pachhtava karne ka koi fayda nahi hai. Agar aapko lagta hai ki aapka mann nahi lagta padhai mein ya aap itne hi kaabil ho, toh apni capabilities ko challenge karo. Aap abhi bhi chaho toh bahut kuch badal sakte ho. Zindagi khatam nahi hui hai, isey apni zindagi ka aakhiri waqt mat samjho. Aapke dimaag mein aise kayi khayaal aa rahe honge ki aap khud ko khatam karlo, ya agar doosron ke mazaak udane se pareshan hokar aap suicide jaise steps lene ke baare mein soch rahe ho toh wahin tham jao. Kisi se baat karo, unhe batao ki aapke mann mein kya guzar raha hai. Kayi counselling helplines hote hain, unhe phone laga sakte ho.

Logon ko chhodo, unka kaam hai neeche zameen par gire hue insaan par hasna, uska mazaak udana. Agar aapko itna hi bura lag raha hai unka mazaak udana toh unhein jawaab do, muh se nahi, khudko kamyab banake, khud ko pass kara ke, khud ko un sabse aage nikaal ke. Aise logon ko jawaab muh se nahi actions se diya jaata hai, apni kamyabi se jawaab diya jaata hai.

Agar aisa koi dost bhi hai jo aapke fail hone par khush ho raha hai, aap ka mazaak bana raha hai toh uska saath chhod do turant. Agar ek dost doosre dost ke fail ho jaane par khush ho toh uski dosti ka koi fayda nahi hai, kuch bhi haasil nahi hoga uski dosti se aapko.

Khud ko khatam karne ke baare mein bhi bilkul mat sochna. Aap fail hue ho, failure nahi ho, haare nahi ho apni zindagi se. Failure woh hota hai jo ya toh kabhi attempt hi nahi karta, ya give up kar deta hai thoda sa try kar ke. Aap ne koshish kari, aap fail hue, koi baat nahi. Ab aap dobara koshish karo. Jitni bhi der kyun na lag jaaye, aap koshish karte raho. Dekhna, ek na ek din aapko success zaroor milegi.

Jaan rahegi toh zindagi mein bahut kuch haasil kar sakogey, jo socha tha agar woh nahi kar pa rahe ho, ya kar sakte ho toh koi baat nahi, zindagi ke humare liye kuch aur plans bhi hote hain. Aap ne bhale hi socha ho ki main yeh banunga, lekin agar aapki kismat mein woh banna nahi hai, ya aapki zindagi ko kuch aur hi manzoor hai toh, usey accept karo aur jo kar sakte ho, jo ban sakte ho, woh bano.

Na hi khud ko khatam karne ke baare mein socho, aur na hi khud ko loser maano. Aap mein ab bhi bahut zindagi baaki hai, aap ke haunsle itni asani se nahi toot sakte. Issey mushkil exams aayenge zindagi mein, issey mushkil hoga unka saamna karna, unhein clear karna toh kya aap har baar itni asaani se toot jaoge? Nahi, aap na tootogey, na haar manogey, bhale hi aap darr jaogey, ghabraogey, gir jaogey, lekin phir uthogey, ek baar phir koshish karogey aur itni mehnat karogey ki jeet sirf aapki hi hogi.

Pata hai problem kahan aati hai? Jab aap mehnat se zyada results ke baare mein sochte ho. Arey, apne focus ko zara change karo, agar results ke baare mein sochte reh jaoge toh time bhi waste hoga, score bhi achha nahi kar paoge aur khudko sabse peeche paoge. Results se dhyaan hata kar sara dhyaan, saari mehnat, padhne mein laga do, result apne aap improve ho jayega.

Aur kabhi bhi yeh mat socho ki doosre tumse aagey nikal jayenge, ya peeche reh jayenge. Tumhara competitor sirf tum ho, aur koi nahi. Na hi tumhara competitor koi senior hai, na junior aur na hi tumhare saath ka koi. Tum khudko challenge karke hi achha score kar sakte ho, apni capabilities ko challenge karna hi sabse badi samajhdari hoti hai. Doosron ko mat dekho ki woh kya kar rahe hain, khud ko dekho ki tum kya kar rahe ho, kitna prepare kar liya tumne aur kitna baaki hai.

Handle karna seekho problems ko, unse bach ke bhago mat, shortcut mat dhundo apni pareshaaniyon se bahar aane ka. Khud ko chot pahuchana, khud ko khatam karne jaise decisions aapko aapki problems se bahar nahi nikalte hain.

Apne liye nahi toh apne parents ke baare mein socho, us maa ke baare mein socho jisne aapko apni kok mein nau mahine paala aur kitna dard sehen karke janam diya. Aaj woh zara sa gussa ho bhi gayi toh kya hua?

Haq hai us maa ka apni aulaad se naraaz hone ka, usko daantne ka. Us daant se ya maar se bhaago mat. Maa-baap ki daant aur maar sirf zindagi mein aage badhna sikhati hai, aankhein kholti hai, aur usey kabhi bhi negatively nahi lena chahiye.

Saamna karo unka aur unse bhi aur khud se bhi wada karo ki aap dobara koshish karogey, aur zaroor successful hoge chahe kuch bhi ho jaaye. Itna negative mat socho, aur jo hua usey accept karo, apni kamiyon ko dekho, unhe sudharo, aur zindagi mein aage badho. Waqt bahut keemti hota hai, usey kabhi bhi waste mat hone do. Thoda waqt lo sochne-samajhne ka, aur fir se koshish karo, lekin koi bhi galat kadam uthane ke baare mein kabhi bhi sochna mat.

Job se Judi Kuch Baatein

School life, college life, in sab ke baad ek aisa phase aata hai humari life ka jisme humne jo bhi aaj tak seekha hai, jo bhi humne padhai kari hai, woh practically implement karna padta hai. Jo bhi skills develop karte hain, jo knowledge gain karte hain, ab usey implement karne ka samay aata hai.

Usey hum apni job mein use karte hain taaki hum behtar perform kar sakein aur grow kar sakein.

Jab hum job dhund rahe hote hain toh us waqt bhi hum kaafi pareshaniyon ka saamna karne lagte hain, kaafi negative hone lagte hain, kaafi overthinking karne lagte hain. Yeh woh phase hota hai jab hum job dhundne ke liye struggle karte hain aur humein milti nahi hai. Humein har jagah se rejection mil rahe hote hain, kahin selection nahi hota, ya pasand ki job nahi milti hai, jiski wajah se hum bahut sochna shuru kar dete hain aur bahut tension lene lagte hain.

Apne career ko lekar tension lene lagte hain, khud par doubts hone lagte hain, khud se sawaal karne lagte hain, confidence low hone lagta hai. Samajh nahi aata kaise deal karein aisi situation mein, kaise positive rahein, kaise confident feel karein interviews mein, ya kaise apni job ko achhe se kar payein.

Sabse pehle baat karte hain struggle phase ki. Agar aap job dhund rahe ho aur aapko mil nahi raha, ya jo mil raha hai woh pasand nahi aa raha, aapko aisa lagta hai ki aap ussey better deserve karte ho, toh koi baat nahi. Thoda relax karo aur problem par focus karne ki jagah solution par focus karo.

Kami kahan aa rahi hai? Kya kami aapke confidence mein hai, ya aapki knowledge mein? Agar aapko lagta hai ki kami aapki knowledge mein hai, toh achhe se tayari karo us particular subject ki jis par woh job based hai. Jitni achhe se tayari karoge utni zyada knowledge gain hogi, aur jitni zyada knowledge hogi, utna zyada confidence bhi aayega jawab dene mein aur interviewer ke saamne baithne mein.

Apni knowledge par work karna shuru karo aur itni knowledge gain karlo ki aap se koi kuch bhi puch le, aap hichkichaoge nahi. Zyada advance nahi toh kam se kam basic cheezein toh clear honi chahiye aapko apne subject ki. Achhi knowledge insaan ko bahut aage lekar jaati hai zindagi mein.

Ab sirf knowledge gain karne se bhi kuch nahi hota. Kayi baar humein jawaab pata hota hai, lekin hum usko achhe se deliver nahi kar paate. Confidently jawab dena bahut zaroori hota hai. Agar aapki body language mein, aapke answers mein confidence nahi hoga toh interviewer aap se kabhi impress nahi hoga. Confidence se duniya ki badi se badi cheez haasil kar sakte ho, bas dhyaan rahe overconfident na ho jao.

Jis cheez mein confidence ki kami hai, usi cheez par work karna shuru karo. Agar kami aapke bolne mein hai, toh bolne ki practice karo. Band kamre mein sheeshe ke saamne khade ho kar apni aankhon mein aankhein daal kar practice karo. Shuruwaat mein bhale hi ajeeb lage, lekin dheere-dheere aapko khud apne andar badlaav dikhega.

Humare saath yahi hota hai. Agar kisi cheez ki aadat nahi hai humein toh shuruwaat mein toh kaafi dikkatein aati hain woh kaam karne mein, lekin jaise-jaise humein aadat padti hai, waise waise hum us kaam mein, us cheez mein behtar hote chale jaate hain.

Bahut purani kahawat hai, '*Practice makes perfect.*' Aap bhale hi perfect banne ke peeche mat bhago, lekin aapko itni practice karni hai ki aap ka confidence boost bhi ho aur aap interviews clear bhi kar paao.

Pehle khud se baatein karo, aur phir kisi se baat karne ki practice karo. Family ya friends mein se kisi se baat karo, unke saath practice karo interview dene ki. Aur sabse badi baat, interviews dene ki aadat banao, kayi jagah try karo—jitne zyada interviews dogey, utna zyada samajh aayega ki, aap kahan chook jaate ho baar-baar, aur kahan galtiyan ho rahi hain.

Agar aapko pata chalta hai ki kisi company mein vacancy hai lekin aapko lagta hai ki aapko wahan apply nahi karna, phir bhi aap interview dene jao, baitho interviewers ke saamne. Dekhna, aapko ek naya experience hoga, aur apni galtiyon ko iss tarah sudhaar bhi paoge.

Aapko samajh aayega ki kaise aapko bolna hai, kaise jawaab dene hain, kaise uthna-baithna hai unke saamne, kya cheezein hain jo aapko avoid karni hain, kin cheezon ka answer kaise dena hai. Interviewers kayi baar seedhe tareeke se nahi balki ghuma ke sawaal-jawaab karte hain aur humein test karne ki koshish karte hain ki hum kitne confident hain, kitne stable hain us job ke liye.

Bhale hi us interview ke end mein aapko rejection mil jaye, lekin phir bhi aapko wajah pata chalegi. Phir jab kamiyan pata chalti hain toh hum apne aap un kamiyon ko thik karte hain aur doosre interviews mein un galtiyon ko sudharne ki koshish karte hain.

Agar aap kisi specific company ke liye try kar rahe hain aur aap uske interview ko clear nahi kar pa rahe hain toh patience rakhiye, aur samajhne ki koshish kariye ki aakhir galtiyan ho kahan rahi hain. Jab galti samajh aa jayegi, toh aapka raasta bhi clear ho jayega. Agar is sab ke baad bhi aap clear nahi kar pa rahe hain us interview ko toh phir aapko bina apna zyada waqt zaaya kare kisi aur company ki ore dhyaan lagana padega.

Aap apne saare efforts kisi ek jagah par nahi laga sakte, aap apna saara time kisi ek jagah ke liye nahi kharch kar sakte. Aapko apne time ki value karni hogi. Aur kya pata aapke liye bhagwan ne kuch aur hi plan kar ke rakha hua ho.

Isliye koshish karo, lekin ek hadd tak. Aisa na ho jaye ki ek hi cheez ke peeche bhaag-bhaag kar apna time waste kar rahe ho, aur aakhir mein kaafi late ho jaaye. Zyada tension mat lo, bas koshish karte raho, interviews bhi dete raho, koi na koi toh clear hoga hi aur kahin na kahin se toh shuruwaat hogi hi. Ho sakta hai aapki expectations se kam ki job mile ya zyada ki mile—jaisi bhi milegi, shuruwaat karni chahiye. Woh aapko aapki manzil tak pahuchayegi.

Job Mein Problems

Life itni asaan nahi hoti hai jitni humein lagti hai, jitna hum sochte hain, jitna hum doosron ko enjoy karta hua dekhte hain, ya jitna hum movies mein dekhte hain. Life har mod pe kuch na kuch naya lekar aati hai humare saath. Kabhi ladai-jhagde, kabhi khush khabar, toh kabhi koi dukhbhari khabar, life kayi tarah ki problems se hoti hui guzarti hai.

Kabhi-kabhi problems itni badh jaati hain ki hum upar dekhte hue bhagwan se sawaal karte hain ki, '*Aakhir mere saath hi kyun hota hai aisa? Kyun meri life itni mushkil aur itni challenges bhari banayi hai?*' Aisa lagta hai jaise saari problems humari life mein hi de di ho bhagwan ne.

Pehle school mein tension, phir school se nikle toh college mein tarah-tarah ki tension, college se nikle toh job lagne mein struggle aur uski tension, family agar sorted nahi hai toh family ki bhi tension, aur jaise-taise job lag jaaye thoda khud ko distract karne ke liye is sab se toh usme bhi tension. Aur in sab tension ko discuss karne ke liye jab koi hota nahi hai, jab khud hi sab kuch handle karna padta hai, khud hi sab kuch face karna padta hai toh wakayi mein insaan toot jaata hai.

Jaise-jaise humari life aage badhti hai, problems aati hain, toh hum bhi unse lad lad ke khud ko strong bana lete hain, khud ko strong samajhne lagte hain. Hum bahar se kitni hi moti layer bana lein strength ki, lekin, andar se hum emotional hote hain, hote hain humare andar kayi jazbaat jinko hum bayaan bhi nahi kar sakte kisi ke saamne.

Kitne hi hum strong ban jayein, lekin hum sabki life mein ek aisa mod toh aata hi hai jab hum puri tarah toot jaate hain, jab hume bhi rona padta hai. Tab zyada bura lagta hai agar koi woh aansu pochne ke liye bhi nahi hota.

Overthinking bhi in sab wajahon se itni hone lagti hai ki aisa lagta hai jaise har waqt dimaag mein ek shor mach raha hai. Har waqt ladaiyan ladi jaa rahi hain dimaag mein, pura mindf**k ho gaya hai. Kayi sawaal, kayi situations humare dimaag ko jakad ke rakhti hain aur hum bahut bebas aur lachaar mehsoos karne lagte hain. Kyunki humein yeh samajh mein nahi aata ki aakhir hum karein kya is sab se bahar nikalne ke liye, kaise apni life problems se deal karein, kaise khush rahein. Jitni dhundne ki koshish karte hain hum khushiyon ko, woh utni door hoti chali jaati hain. Kabhi milti bhi hain toh expiry date ke saath aati hain.

Baat karte hain job se judi problems ki. Hone ko toh bahut saari ho sakti hain, lekin hum kuch common problems ke baare mein baat karenge, aur samjhenge ki kaise hum un situations, un problems se deal kar sakte hain aur apne aap ko un problems se bahar nikaal sakte hain. Bhale hi problems khatam na ho, lekin unko kaise face karna hai, ya unse kaise ladna hai, yeh zaroor pata chalega.

Colleagues se ladai hona

Hum jaise hain, doosre bhi waise ho aisa zaroori toh nahi. Hum doosron mein khudko dhundte hain, doosron ke saath adjust karne ki koshish karte hain, ek chota sa bharosa karne ki koshish karte hain. Par jab do logon ke nature aapas mein nahi milte, ya ek-doosre se bahut zyada opposite hote hain, toh ladaiyan bhi ho jaati hain.

Ladai hone ki kayi wajah ho sakti hain. Aap dono mein se kisi ke kharaab behaviour ki wajah se ladai ho sakti hai, kaam ko lekar ladai ho sakti hai, progress ko lekar ladai ho sakti hai, promotions ko lekar ladai ho sakti hai, misunderstandings ko lekar ladai ho sakti hai, aapki aur aapke manager ya team lead se aapki ladai ho sakti hai. Profession koi bhi ho, agar hum ek office mein kaam kar rahe hain, aur us office mein humare alawa aur bhi log hain, aur humara unse interaction hota hi hai toh humari unse ladai bhi ho jaati hai kisi na kisi baat par.

Ab ladai toh ho gayi, lekin is ladai ka hum par yeh asar hota hai ki hum us baare mein sochne bahut lagte hain, bahut zyada pareshan hone lagte hain, overthinking karne lagte hain. Humein samajh nahi aata ki hum kya karein.

Us ladai ke peeche bhale hi galti kisi ki bhi ho, lekin uska asar hum par, humari mental health par padne lagta hai. Shuruwaat mein kuch bhi ho, ek baar ko phir bhi hum ignore kar dete hain, lekin agar koi cheez kaafi lambe arse se chali aa rahi hai, ladaiyan kaafi zyada ho rahi hain, toh aapko yeh karna hi hoga.

Dekho, sabse pehli baat, koi bhi ladai pehle baat karke solve karne ki koshish karni chahiye. Wajah ko samajhne ki koshish karni chahiye aur aisa solution nikalna chahiye us problem ka jo dono ke liye thik ho, jisse ladai hona band ho jaaye.

Shuruwaat mein koi bhi bada action mat lo agar baat itni badi nahi hai. Pehle apne level par handle karo us cheez ko. Lekin agar woh handle nahi ho raha hai toh uske baare mein apne manager ko batao jinko aap report karte ho. Sochne se, ignore karne se aur tension lene se kuch solve nahi hota, solve hota hai actions lene se.

Hum kayi baar yeh soch kar ignore karte chale jaate hain kisi ke misbehaviour ko ki ho sakta hai apne aap thik ho jaaye. Lekin agar aap doosron ko isi tarah let go karte rahenge toh woh aapko aur bhi zyada pareshan karne lagenge ek soft target samajh ke.

Koi bhi baat agar aisi ho rahi hai jo aapko bahut hit kar rahi hai, jo aapko bahut zyada affect kar rahi hai toh aap usko seriously lena shuru karo aur us par koi na koi action lo. Jab hum bahut zyada bardasht karna shuru kar dete hain toh humare andar woh cheez ikatthi hone lagti hai aur hum pareshan ho jaate hain ki hum kya karein, kaise us sab se bahar niklein.

Nikalne ke kayi tareeke hain, ya toh us shaqs se aapko jo bhi problem hai woh baat kar ke nipta lo, ya agar aapko lagta hai ki koi aapko pareshan kar raha hai toh uske khilaaf zaroor complaint karo senior authority se, taaki usey bhi sabak mil sake aur aapko bhi mental relief mil sake.

Colleagues se pyaar hona

Pyaar toh ek aisa ehsaas hota hai jo na jagah dekhta hai, na insaan, na waqt, woh jab hona hota hai, jiske saath hona hota hai, woh ho hi jaata hai. Pyaar jaise ehsaas par kisi ka bas nahi chalta. Jis jagah par hum apne din ke aath se dus ghante bitate hain, us jagah ke logon mein bhi hum ghulne-milne lagte hain.

Kuch colleagues ke saath humari bonding aisi hoti hai jaise unhein kitne waqt se jaante hain. Kuch colleagues dost ban jaate hain, toh kabhi-kabhi aisa bhi hota hai ki kisi shaqs ke hum kareeb aane lagte hain, ya kabhi kisi se humein emotional support milne lagta hai jo hum kisi apne mein talaash rahe the.

Door baithe kisi aur department ke kisi shaqs ko hum baar-baar dekhna chahte hain, bahane se uske cabin ke aage se nikalna chahte hain, baat karne ke bahane dhundte rehte hain, paas aane ke bahane dhundte rehte hain, tarah-tarah se approach karne lagte hain. Kisi din woh na aayein workplace pe toh mann nahi lagta, unse baat karo toh apnapan sa mehsus hota hai.

Kuch isi tarah ki baatein hone lagti hain jab humein koi colleague kuch zyada hi pasand aa jaata hai. Hum is tarah attract ho jaate hain unki taraf ki phir humara mann hi nahi lagta unke bina. Is tarah ki feelings humein aksar apne kaam se bhi distract karti hain aur humari personal life mein problems bhi create karti hai.

Yahan cheh situations ke baare mein baat karenge:

- *Jab aap single ho*
- *Jab aap relationship mein ho*
- *Jab aap relationship mein ho lekin happy nahi ho*
- *Jab aap single ho aur woh relationship mein hain*
- *Jab aap bhi relationship mein ho aur woh bhi relationship mein hain*
- *Jab aap career-oriented ho*

Inhi mein se ek situation hoti hai humare saath, jis wajah se hum zyada overthinking karne lagte hain jab humein kisi colleague se pyaar ho jaata hai.

Jab aap single ho

Agar aap single ho aur aap kisi ki taraf attract ho rahe ho, aur aap is baat se kahin na kahin pareshan ho, aur samajh nahi aa raha ki, aap kaise deal karogey is situation se toh chinta ki koi baat nahi hai.

Agar aapki ussey baat hoti hai, agar woh aap ke department mein hai aur aap ussey daily milte ho toh, yeh kaafi achhi baat hai. Agar aap kaafi positive ho us shaqs ko lekar aur aapko uske saath apnapan lagta hai aur aapko zyada time nahi hua hai ussey baat kare hue, mile hue, toh sabse pehle aap uske saath apni bonding strong karo, uske baare mein jaano.

Humein aksar jaldbaazi hoti hai logon ko apna banane ki, jo hamesha cheezein kharaab kar deti hai. Isliye kisi bhi tarah ki jaldbaazi mat karo aur unhey jaano, unhey samjho—woh kaise hain, kaisa behave karte hain, kaise aap ke saath hain aur kaise baaki sab ke saath hain, woh aap ke baare mein kya sochte hain.

Kya woh bhi aapki taraf attracted hain? Aapki understanding kaisi hai unke saath? Kaisi soch hai unki, aur yeh soch aap se milti hai ya nahi? Unka relationship status kya hai? Kitna bharose ke layak hai woh? Kaise situations ko handle karte hain woh? Yeh sab cheezein observe karne ke baad hi kisi ke saath relationship mein aaya jaata hai.

Sirf pyaar hone par propose kar dena koi samajhdari nahi hoti hai. Relationship ke baare mein agar soch rahe ho toh saamne wale shaqs ko pehle achhe se samjho. Baatein karna zaroori hai, aap log apne working hours ke baad kya karte ho, kiske saath time bitate ho, woh kya karte hain, yeh sab jaanna zaroori hai.

Kayi baar log apne colleagues se apni personal life chhupate hain, aisa main mann se nahi keh raha hoon, pichle cheh saalon mein maine bahut se sessions liye hain apni website anubhavagrawal.com ke zariye, jisme logon ne bataya hai ki unke partner ne relationship se pehle unse cheezein chhupai thi, isliye in sab baaton ko jaanna aur samajhna zaroori hai, taaki kal ko kisi bhi tarah ki anhoni na ho jaaye aapke saath.

Yeh sab pata karne ke baad bhi agar aapko sab kuch positive feel ho raha hai, dikh raha hai unke actions aur words mein, toh definitely aapko aage badhna chahiye aur is relationship ko aage badhana chahiye. Apne pyaar ka izhaar karna chahiye, aur agar negative response aata hai ya doubtful response aata hai toh aapko koi bhi jaldbaazi nahi karni chahiye, pehle apne doubts clear kar lo, phir aage badho.

Agar woh aap ke department mein nahi hain aur na hi aapki unse baat hoti hai, lekin phir bhi aap ke mann mein unke liye feelings bahut strong hain toh zaahir si baat hai, bina unke saath communicate kare baat aage nahi badh sakti.

Aap ko ya toh khud aage ja kar unke saath connection banana padega, ya kisi ke zariye dosti ka haath aage badhana padega, ya phir social media ke zariye bhi aap unhein approach kar sakte ho. Toh himmat karke yeh karo, aur wahi sab karo jo upar kaha gaya hai. Ek achha bond banao, ek achha dost bano, achhe se jaano, samjho, dekho kaisi chemistry hai aap dono ki, phir aage badho, aur sab kuch positive rehta hai toh izhaar kar do apni mohabbat ka.

Jab aap relationship mein ho

Jaisa ki pehle bhi kaha, na pyaar insaan dekh kar hota hai aur na hi jagah, na waqt, na situation, pyaar ho hi jaata hai, feelings aane hi lagti hain. Chahe hum ek happy relationship mein ho ya unhappy relationship mein, humein jab saamne baitha insaan achha lagne lagta hai toh hum achha-bura, sahi galat kuch nahi dekhte aur is feeling ko grow hone dete hain.

Kayi baar jab hum long-distance relationship mein hote hain, tab bhi is tarah ki galti kar baithte hain ya karne ja rahe hote hain yeh soch kar ki door baithe insaan ko kabhi kuch pata toh chalega nahi, toh koi baat nahi, yahan mann lagane ke liye bhi ek insaan ho jayega. Aisi soch rakh kar bhi hum apni feelings ko control nahi kar paate aur apne partner ko dhokha dena shuru kar dete hain.

Kabhi aisa bhi hota hai jab hum apne partner ke saath khush nahi hote, jab humare aur unke beech misunderstandings hoti hain, daily ladai-jhagde hote hain aur hum bahut zyada frustrated ho jaate hain apni relationship se, aur usi waqt humein koi aur shaqs comfort karta hai, ya humare workplace pe jis shaqs ke saath achhi bonding hoti hai, hum uske saath baatein share karne lagte hain. Kayi baar humein woh zyada samajhne lagte hain aur humare dimaag mein humare partner ki image kharab karne lagte hain aur khud ke liye jagah banane lagte hain.

Aisi kayi situations ho jaati hain, cheezein bahut zyada complicated ho jaati hain aur hum apni limits cross karte chale jaate hain, apni loyalty ko break karte hain. Hum yeh nahi sochte ki humare partner ko jab paata chalega ki humara office mein ya humare colleague ke sath affair hai toh, usey kaisa lagega, uska toh dil toot jayega.

Bahut se log consequences ke baare mein kabhi nahi sochte aur galat kadam uthate chale jaate hain. Us waqt jo unhe sahi lag raha hota hai bas wahi karte hain, aur aage chal kar aise faste hain ki unhein khud samajh nahi aata ki ab kaise bahar niklein apne hi banaye hue is jaal se.

Dekho, sabse pehle toh is situation ke baare mein baat karte hain ki agar aap relationship mein ho aur haal-filhaal mein hi aapko koi pasand aane laga hai, aapko uski baatein achhi lagne lagi hain aur aap uski taraf attract ho rahe ho. Toh wahin ruk jao! Uske aage mat badho. Apne achhe-bhale relationship ko kharab mat karo apne recent attraction ki wajah se. Aisa ho jaana bahut normal hai, kabhi-kabhi hum attract ho jaate hain ek naye insaan se relationship mein rehne ke bawajud bhi. Par humara khud ko samjhana baat aage badhne se pehle bahut zaroori hai.

Apne relationship ko kisi teesre insaan ki wajah se kharab mat karo. Kisi teesre insaan ko apni zindagi mein mat lekar aao, chahe samne wala aap se attracted hai aur approach kar raha hai. Agar saamne se approach aa rahi hai toh usey rok do, aur usey achhe se samjha do ki aap iske aage nahi badh sakte, yeh aapki loyalty ke khilaaf hai.

Aap kabhi yeh gawarah nahi karogey ki aapka partner is tarah ki cheez kare. Apne rishte ko tootne se bacha lo, agar aapki anban bhi ho rakhi ho tab bhi koi aisa step mat lo jo aapke phool se rishte ko aapki nadaani ki wajah se chot pahuch jaaye. Apne aap ko control karna asaan nahi hota par karna padta hai, agar cheez galat hai aur mushkil hai toh control karna padega. Kyunki aapki ek galti aapke relationship ko tabah kar sakti hai aur aapko zindagi bhar ke liye dhokebaaz ka tag de sakti hai.

Agar commitment kiya hai toh usey tootne mat do kisi bhi haal mein, kisi bhi situation mein, kisi ki bhi wajah se. Usey kayam rakhna aapki zimmedari hai, aapke partner ke peeth peeche loyal rehna aapki responsibility hai, aisi koi bhi galti mat karo jo aapke partner ka dil tode aur baad mein aapko pachhtave mein daal de.

Kisi bhi tarah ki problems chal rahi ho relationship mein toh unhein solve karne ke baare mein sochna chahiye, aur agar aapko lagta hai ki aap nahi kar pa rahe ho solve toh koi baat nahi, dhokha dene aur naraaz rehne mein fark hai. Us fark ko kam mat karo apni nadaani ki wajah se.

Agar aap aage badh bhi gaye ho tab bhi is cheez ko khatam kar do aaj ke aaj. Dhokha dena sabse bura karm hota hai. Kisi masoom ko saza mat do apni bewakoofi ki. Aaj ke aaj hi is naye rishte ko hamesha ke liye khatam karo aur apne relationship par dhyaan do. Isey aur bhi zyada complicated mat banao. Jo aaj aap kisi ke saath kar rahe ho, kal ko koi aapke saath bhi kar sakta hai, jissey aap beintehaan mohabbat karte hogey.

Zyada sochne mein apna waqt zaaya mat karo aur aaj hi doosre rishte se bahar aao! Aur agar koi rishta nahi hai, sirf feelings aa rahi hain, toh apni feelings ko control karo. Apne partner ke saath zyada se zyada time bitao, us khoye hue spark ko ek baar fir jagao, apne partner ko special feel karao, fir se romance karo, time spend karo unke saath, un haseen palon ko yaad karo jo tumne unke sang bitaye the, unke baare mein saari positive baatein socho, aur phir samjhao khud ko ki, aap ke paas itni saari wajahein hain us shaqs ke saath rehne ki, isliye aapko bilkul dhokha nahi dena chahiye. Is naye shaqs se distract karo khudko taaki aapka bana banaya rishta kharaab na ho jaaye.

Aur agar married hokar yeh sab ho raha hai, tab kam se kam yeh samajhna zaroori hai ki shaadi ka rishta kisi bhi affair se bada hota hai, kisi bhi feeling se gehra hota hai. Agar aapke bachche hain toh kam se kam unka hi khayaal karke apne aap ko rok lo. Bhatakne se roko khud ko. Waqt rehte sambhal jaogey toh achha hoga, warna baad mein complications itni badh jayengi ki sambhale nahi sambhlengi.

Jab aap relationship mein ho but happy nahi ho

Jab aap relationship mein ho, lekin aapki aapke partner ke saath ban nahi rahi hai, ya ladai-jhagde chal rahe hain, ya misunderstandings ho gayi hain jo kaafi lambe arse se chali aa rahi hain. Zaahir si baat hai, jab bhi humare partner ke saath achhi nahi ban rahi hoti hai toh humara dhyaan doosre logon ki taraf jaata hai. Ya toh woh log humare paas aa kar humara dhyaan kheechne ki koshish karte hain ya phir hum khud aage badhne lagte hain unki ore.

Life mein aksar aisa hota hai ki jab humare partner ke saath achhi nahi ban rahi hoti hai aur usi beech agar humein koi aur mile, ek aisa shaqs jo humein samajhta hai, jo wo expectations pure karta hai jo hume humare partner se hote hain, toh woh saalon purana rishta humein bematlab sa lagne lagta hai. Jisey kal tak hum apna sab kuch maante the, ab uski koi bhi ehmiyat nahi reh gayi humare dil mein.

Hum uski ehmiyat karna band kar dete hain aur jo samay humein apne partner ko dena chahiye, woh hum us naye insaan ko dene lagte hain, cheezein sort out karne ki jagah aur bhi zyada complicated hoti chali jaati hain, aur kayi baar toh hum khud hi chizen complicate karte hain.

Dekho, agar aapko aisa lagta hai ki aap ne apna 100 per cent diya hai is rishte ko aur uske badle mein aapko kabhi woh samman, izzat, pyaar nahi mila jo milna chahiye tha, aapka partner itne efforts nahi karta aapko khush rakhne ke liye, is rishte ko majboot banane ke liye, aur aap puri tarah se is naye insaan se attached ho chuke ho aur mann bana chuke ho ki isi ke saath ab aage badhna hai, toh apne partner ko kisi dhokhe mein na rakh kar uske saath har baat clear karlo koi bhi step lene se pehle.

Usey dhokha mat do, uske saath cheating ya double dating mat karo, sab kuch clear rakho. Jo sach hai woh batao, yeh soch ke mat chhupao ki, kal ko kisi ko kuch pata nahi chalega. Koi jhooth zyada waqt tak chhupta nahi, ek na ek din saamne aata hi hai aur jab aata hai, toh apne sang bahut saari pareshaniyan lekar aata hai.

Aap apni hi nazron mein gir jaogey, aapka partner aapko bahut zaleel karega, kyunki koi bhi shaqs jhooth aur dhokhe ko zyada bardaasht nahi kar paata. Ek na ek din uske emotions ka outburst hota hi hai aur uska impact aapke aur aapke partner ki mental health ke upar kaafi padta hai.

Isliye, agar samajh chuke ho ki yahi hai ab aur isi ke saath aage badhna hai, toh har haal mein apni saari feelings confess kar lo taaki kal ko har cheez transparent rahe aap dono ke beech. Rishta rahe ya na rahe, lekin insaniyat bhi koi cheez hoti hai.

Aur agar aapko aisa lagta hai ki aap aur aap ke partner ke beech abhi zyada waqt nahi hua hai cheezon ko kharaab hue, haal-filhaal mein hi kuch baatein hui hain jinki wajah se problems aa gayi hain, aisi cheezein jo mike thande dimaag se sort out kari ja sakti hain, lekin phir bhi aap dono us temporary problem ko sort out nahi kar rahe ho. Is situation se frustrate ho kar aap kisi aur taraf khich rahe ho, ya koi aur aapko apni taraf kheech raha hai, toh aapko apne aapko bhi aur us shaqs ko bhi samjhana chahiye. Chahe kuch bhi ho jaaye, aapko apni temporary problems ki wajah se ek permanent problem kabhi khadi nahi karni chahiye.

Samay do apne rishte ko taaki usey theek kar sako, us beech behekna nahi chahiye, na khud se aur na hi kisi ke kehne ya kuch karne se. Abhi achha lag raha hai, lekin aage chal ke bahut pachhtava hoga ki kyun kar liya khud ke hi haathon se khud ke phool se rishte ka qatl.

Jab aap single ho, aur woh relationship mein hain

Aksar yeh situation bhi hoti hai jahan hum toh single hote hain, lekin hum jiski taraf khich rahe hain, woh kisi aur se committed hain. Aisi situation mein one-sided love bhi ho sakta hai, yaani aapko unse pyar hai par unhe nahi, aur two-sided love bhi ho sakta hai, yaani ki aapko bhi pyaar ho gaya hai unse, aur unhein bhi aap se pyaar ho gaya hai committed hone ke bawajood.

Sabse pehle baat karte hain tab jab aap single ho aur sirf aap ko ek committed shaqs se pyaar hua hai. Dekho, pyaar toh ek aisi feeling hai jis par humara bas nahi chalta. Hum life mein kisi mod par ek aise insaan se milte hain, baatein karte hain, ya sirf dekhte hain aur humein woh pehli nazar ya pehli mulaqaat mein pasand aa jaate hain.

Pyaar toh ho jaata hai, lekin halaat humara saath nahi dete aur hum is pyaar ki hawa mein behte chale jaate hain, bina khud ko roke, bina control kare apni feelings ko. Jitni baar hum unhe dekhte hain, ya unse milte hain, utni baar hume unse pyaar ho jaata hai aur hum samajh nahi paate ki aakhir hum kya karein, kyunki woh shaqs single nahi, relationship mein hain kisi aur ke saath.

Khoon toh bahut jalta hai aisi situation mein, lekin kya karein, sach toh sach hai, aur sach toh bachpan se hi kadwa hota hai. Khair, pareshan hone ki zaroorat nahi hai. Aapko bas itna samajhna hai ki aapko kisi ka rishta ya kisi ka ghar todne ka haq nahi hai.

Bhale hi aap us shaqs se kitna hi pyaar kyun na karne lage ho, lekin aap kisi ka bana-banaya ghar todo ya unke rishte mein darar daalne ki koshish karo, toh woh ek bahut galat cheez hoti hai, woh kabhi mat karna.

Aapke liye mushkil hoga apne jazbaaton par kaabu pana, lekin in jazbaaton se zyada zaroori aur bada sach yeh hai ki woh insaan abhi aap ke jazbaat ke liye kuch kar nahi sakta, aur agar karega toh aap wajah ban jaogey kisike rishte ya family ke tootne ki, jo ki apne aap mein ek bahut hi zyada sharmnaak baat hai. Aap na hi itne selfish ho aur na hi banne ki koshish karna.

Intezaar karne ka bhi koi fayda nahi uske break-up ka ya divorce ka. Yeh sochne mein apna waqt zaaya mat karna ki ek din uska rishta tootega aur aap phir apna chance marogey. Hone ko aisa ho bhi sakta hai, lekin agar nahi hua toh aap apna waqt barbad karoge aur kuch nahi.

Aapko apne dil aur dimaag ko yeh baat samjhani padegi ki aap is sab mein fasna nahi chahte, is sab se bahar aana chahte ho. Aur bahar aane ke liye aapko khud ko rokna hoga uske paas jaane se, uske baare mein sochne se, apni feelings ko badhane se.

Khud ko distract karo jitna zyada ho sake utna, khud ke mann ko samjhao ki aap kisike rishte ko kharaab nahi karna chahte, agar uski jagah aap hote aur aapko koi paane ki koshish karta aur aapka bana-banaya rishta kharaab karne ki koshish karta toh aap par kya beetti. Yeh sab samjhane ki zaroorat hoti hai, accept karna padta hai situation ko. Sach se bhago mat, usey apnao aur sabse zaroori cheez, waqt ko waqt do.

Koi bhi insaan kisi bhi insaan se, ya situation se, move on kar sakta hai, waqt ke saath-saath. suffer toh karta hi hai, lekin is suffering mein bhi woh bahut kuch seekhta hai, aur kisi rishte ko kharab na kar ke woh ek achha karm bhi karta hai, jo ki sabse zyada zaroori hai.

Bas yuhin move on karte hain, dard hota hai, waqt lagta hai, par insaan apni zindagi mein aage badhne se rukta nahi, woh aage badh hi jaata hai. Aap bhi badhogey—bharosa rakho, khud par aur apne khuda par.

Khud ko distract karne ki koshish karo, apne friend circle mein kisi achhe dost se baat karo, ussey zyada se zyada baatcheet karo, ya koi purani dosti jo thodi kam ho gayi thi, usey bhi thik karne ki koshish kar sakte ho, ya social media pe kisi naye dost se baat cheet kar sakte ho. Issey aap zyada se zyada distract ho sakogey aur apne aap ko us insaan se door kar sakogey.

Kabhi-kabhi situation yeh hai ki aap bhi pyaar karte ho aur woh bhi pyaar karte hain aap se, aap baaton-baaton mein aage badhte chale ja rahe ho, lekin sach toh yeh hai ki woh kisi aur ke saath bhi hain, ya toh shaadi-shuda hain ya unke boyfriend/girlfriend hai. Aisi situation mein bhi aapko khud ko aur unhein dono ko samjhana hoga.

Ho sakta hai un dono ki zindagi mein temporary problems chal rahi ho aur usi beech woh aap se attract ho gaye ho, ya woh apne partner se pareshan hain, aur kuch choti-moti baaton ki wajah se woh unse toh zyada baat nahi kar rahe par aap ke close aa gaye hain. Aisi situation mein aapko unhe rokna hoga, bina unke emotionally challenged hone ka fayda uthaye.

Galat hamesha galat hi rehta hai, na hi halaat usey sahi banate hain, na hi waqt, aur galat karna bhi hamesha galat hi hota hai. Agar aap is situation ko sahi banana chahte ho, agar woh aapke saath rehne ki kuch zyada hi zid kar rahe hain, agar woh aap ke saath relationship mein aane ki kuch zyada hi zid kar rahe hain toh aapko unse unke relationship ke baare mein baat karni hogi.

Agar woh apne us relationship ko khatam karke, puri tarah se legally khatam karke, aapke saath aane ke liye tayaar hain har tarah se, emotionally, mentally, physically, toh aap zaroor phir is rishte ko aage badha sakte ho, bejhijhak hoke.

Insaan kabhi-kabhi ek toxic relationship mein fass jaata hai, chahe woh married ho ya unmarried. Aur aise rishto ka khatam ho jaana hi behtar hota hai, toh aise rishte unke sukoon ke liye bhi khatam hone zaroori hain. Aisa karke aap ek achha kaam kar rahe ho. Kabhi-kabhi humein apne saalon ke rishte mein bhi woh pyaar aur sammaan nahi milta, woh understanding nahi milti, woh emotional support nahi milta, jo humein kuch chand mahinon ke ek naye rishte mein milne lagta hai.

Halaaki itni jaldi kisi ko bhi judge nahi karna chahiye, us nayi dosti ko waqt dena chahiye, aur agar lagta hai ki yeh insaan wakayi mein sahi hai, tabhi us rishte ko mauka dena chahiye. Kyunki, kayi baar log aap ke emotional hone ka fayda uthane lagte hain aur aapko kisi na kisi tarah use karna chahte hain, chahein emotionally, chahein financially ya phir physically. Isliye dhyaan dena zaroori hai is naye rishte par bhi. Aankh band kar ke koi faisla mat lena, aur aisa faisla lo jisme aap dono ki hi bhalai ho, emotionally bhi, aur practically bhi.

Aur aisa tab hi karna chahiye jab us shaqs ka rishta wakayi mein bahut zyada toxic ho aur woh khud bahar aana chahte ho ussey. Agar aapko lagta hai ki ek mauka dene se ya baith ke sort out karne se cheezein thik ho sakti hain, toh zaroor us shaqs ki madad karo apne rishte ko majboot karne ke liye

Pyaar ka matlab sirf haasil karna nahi hota, pyaar ka matlab us insaan ka achha chahna hota hai, us shaqs ko hamesha khush dekhna hota hai, uske liye sahi chunna hota hai.

Bas is ek cheez ka dhyan rakhna, unke baare mein tab hi zyada sochna jab woh apne relationship ko officially khatam karke aa gaye ho. Kyunki, aisa bahut baar hota hai ki, log bade-bade waade karke aa to jaate hain humare saath relationship mein, lekin woh apne relationship ko end nahi kar paate, aur baad mein khud palat jaate hain aur tumhein beech mein chhod ke chale jaate hain duniya-jahaan ki mohabbat dikhake, aur tumhare andar mohabbat ka diya jala ke.

Jab aap bhi relationship mein ho, aur woh bhi relationship mein hain

Situation yeh bhi ho sakti hai ki aap bhi relationship mein ho aur woh bhi relationship mein hain aur uske bawajood bhi aap dono ek doosre se attract ho rahe ho, aur attach hone lage ho. Ek hi workplace mein kaam karte-karte, ek saath time spend karte-karte aap dono ko hi ek doosre ke liye positive feel hone laga hai, ek doosre ke liye feelings develop hone lagi hain. Lekin, aap dono hi committed ho pehle se aur aap ab confused ho rahe ho ki aapko kya karna chahiye aisi situation mein.

Dekho, jaisa ki pehle bhi bataya gaya aur discuss kiya gaya hai, feelings par humara bas nahi chalta, khaas kar tab jab shuruwaat ho rahi hoti hai. Hume pata nahi chalta kab hum ek naye insaan ki ore khiche chale ja rahe hain, yeh pata hone ke bawajood bhi ki hum pehle se hi committed hain aur humara achha khaasa relationship hai, humara partner hum par kaafi trust karta hai, humari hasti-khelti family hai. Par yeh toh mauke ki baat hoti hai jo hum itna sab kuch hone ke bawajood bhi ek naye insaan ki ore khiche chale jaate hain, ya kayi baar woh shaqs humein apne paas kheech leta hai.

Dekho, feelings aana natural hota hai, kayi baar hum behek jaate hain, log humein apni meethi-meethi baaton mein fasa lete hain, kayi baar log humein lalach de dete hain kisi cheez ka, personal or professional life se related. Aur hum galti kar baithte hain, fir humein samajh nahi aata hai ki kya sahi hai aur kya galat.

Agar inme se koi ek reason aapka bhi hai, agar koi wajah hai yeh galti karne ki ya jaane-anjaane mein yeh ho raha hai, toh aise mein aap sambhal jao toh hi achha hai. Kyunki chahe koi bhi wajah ho, aap apne partner, apni family ko cheat nahi kar sakte, unhein dhokha nahi de sakte. Aap dono hi relationship mein ho aur dono hi yeh nahi samajh pa rahe ki ek saath char zindagiyan barbaad ho jayengi agar aap ne aaj, abhi, isi waqt apne aap ko roka nahi.

Aapko khudko bhi aur unhein bhi rokna hoga taaki aage chal ke problems khadi na ho jayein. Duniya mein yeh galtiyan kayi log karte hain aur anjaam hamesha bure hi hote hain. Kyunki, kabhi na kabhi yeh baatein khul hi jaati hain aur jab khulti hain, tab parivaar ke parivaar tabaah ho jaate hain, khaas kar un logon ke jo shaadi-shuda hain.

Agar aap shaadi-shuda nahi bhi ho, tab bhi aapko apne partner ke saath dhokha bilkul nahi karna chahiye, woh shaqs aap se itna pyaar karta hai, itna bharosa karta hai aap par, aur aap uske bharose ko yuhin nahi tod sakte aise hi kisi reason ki wajah se. Agar aapko lagta hai ki aapko yeh relationship banane mein kuch fayda hai, tab bhi aise kisi fayde ke peeche mat bhago jisme aapko apne partner ke bharose ko hi dao par lagana pade. Itna sasta nahi hota kisi shaqs ka vishwaas.

Apni aankhein kholo aur roko khudko. Kayi baar insaan overthinking karta hai aisi situation mein, toh kayi baar bina overthinking ya zara sa bhi thought diye galat decision le leta hai aur barbaad kar deta hai khudko bhi, apne relationship ko bhi, aur apni family ko bhi.

Aapke mann mein feelings aa rahi hain toh unhein control karo, unhe grow karne se roko, sahi aur galat mein hamesha sahi ko chuno, galat ko nahi. Phir chahe 'sahi' kitna hi mushkil kyun na ho. Aur agar samne wala shaqs aapke saath zabardasti kar raha ho relationship mein aane ke liye, khud committed hokar bhi, toh bhi usey samjhao, kyunki samjhane se bhi baat ban jaati hai. Usey realize karana zaroori hai ki woh jo bhi kar raha hai, woh galat hai, aur aap khud bhi realize karo ki aap jo bhi kar rahe ho, woh bilkul galat hai aur issey bahut logon ki life spoil ho jayegi, aur saath hi saath bharosa bhi tootega.

Yeh anjaane mein nahi, jaankar kisi ko dhokha dene wali baat ho gayi, yeh anjaane mein nahi hua hai, aur na hi isey samjho. Abhi bhi waqt hai, khud ko sambhal lo aur samne wale shaqs ko bhi samjha do. Dheere-dheere baat karna band karo aur usey apni zindagi se door kardo.

Bhale hi isme waqt lagega, lekin aakhir mein sab theek hoga, aur aapse aur ussey ek bahut badi galti hote-hote reh jayegi. Kayi logon ke dil tootne se bachenge, unka bharosa tootne se bachega. Jo feelings grow ho gayi hain, woh ek na ek din shaant ho jayengi, lekin isey badhava mat do.

Zyada confused mat ho ki kya karun aur kya nahi. Agar chahte ho ki zindagi sahi tarah chalti rahe, toh peeche hat jao aise shaqs se jiske liye aap ya aapke liye jisko feelings aa rahi hain. Waqt do, khud ko bhi sambhalne ka aur doosre shaqs ko bhi sambhalne ka, sab theek ho jayega. Mushkilein zaroor ayengi, lekin sab theek ho jayega.

Jab aap career-oriented ho

Career-oriented hona aur saath hi saath kisi ke liye feelings develop kar lena, aur apne goals se distract ho jaana, yeh bhi ek bahut badi problem hoti hai. Aap pura dhyaan lagana chahte ho apni padhai par, apne career par, aap grow karna chahte ho, din-raat successful hone ke khwaab dekhte ho, aur uske bawajood bhi workplace par kaam kar rahe doosre shaqs se aapki aankhein lad jaati hain aur aap usey—ya woh aapko—pasand karne lagte ho.

Hum overthinking tab karte hain jab hum khud ko apne goal se distract hote dekhte hain, jab hum yeh dekhte hain ki humara focus ab kaam se hatke us shaqs ki ore ja raha hai, humari performance bahut kharaab hoti ja rahi hai, humara dhyaan hatta ja raha hai, aur hum chahkar bhi samajh nahi pa rahe hain ki aakhir kaise hum wapas apna dhyaan apne career par lagayein, in relationships se door ho sakein aur apne sapnon ko pura kar sakein.

Dekho, sab mindset ka khel hai. Agar aap apne mind mein yeh baat set kar lo ki aapko sirf apne goals par dhyaan dena hai, sirf apne career par dhyaan dena hai, toh kisi bhi haal mein aap in sab chakkaron mein nahi padh sakogey. Focus karne ke liye ek strong mindset chahiye, aur sach kahun toh successful hone ke liye bhi ek strong mindset, ek dedication chahiye hota hai, ek zid honi chahiye apni manzil ko haansil karne ki.

Us zid ko pura karne wale bhi aap hi ho, koi aur nahi karega aap ke hisse ki mehnat. Isliye, agar aap us insaan ki ore khich rahe ho ya woh insaan aapko apni ore kheech raha hai toh aapko khud ko rokna hoga aur rokne ke liye aapko us insaan ko avoid karna hoga. Agar woh insaan aas-paas hai tab bhi aapko khudko aisa banana hoga ki aap usko avoid kar sako.

Jitna kam miloge, jitni kam baatein karoge, jitna kam uske saath rahoge, utna zyada ussey door bhi hoge. Waqt dena hota hai apne aap ko, kyunki kisi se bhi door hum raaton-raat nahi hote. Agar aap pure dedication ke saath koshish kar rahe ho toh thode din lag sakte hain, kuch hafte lag sakte hain ussey apne aap ko door karne mein. Aur agar woh shaqs aap ka mind distract karta hai, toh aapko usey bahut kayede se yeh baat samjhani hogi ki aap relationship mein na aa sakte ho aur na hi aana chahte ho, aapki priority hamesha se career thi aur hamesha career hi rahegi. Na aise insaan se zyada dosti karo, aur na hi zyada baatein.

Kabhi-kabhi log peeche bhi padh jaate hain jab unki feelings strong hoti hain, tab bhi aapko us shaqs ko is baat ka ehsaas dilana hi padega ki aap uske dil ko todna nahi chahte, usko apnane ke baad usko woh importance na dekar jo woh deserve karte hain. Aap uski feelings ke saath khilvaad nahi karna chahte.

Isi tarah se aap usey samjhao aur koshish karte raho jab tak woh samajh na jayein. Lekin aap kisi behkaave mein mat aana, kyunki agar aap ke liye aapka career important hai toh hamesha rahega, usey badlo mat kisi bhi keemat par.

Usko samjhane ke saath-saath khud ko bhi samjhao ki jo bhi aapne socha hai karne ki, jo bhi aapko achieve karna hai life mein, uske saath aap kisi bhi haalat mein compromise nahi karoge, na hi kisi ko beech mein aane doge, aur na khud kisi ki ore badhoge. Jab life mein successful ho jaogey, uske baad chahe kisi ki taraf dhyan dena, lekin tab tak sirf aur sirf apne goal pe dhyan dena hai, aur kuch nahi.

Humare safar mein utaar-chadhaav toh bahut aate hain, kayi baar hum distract bhi hote hain, lekin aakhir mein humein us safar ko chhodna nahi hai, beech mein khatam nahi karna hai. Usey humein aage tak lekar jaana hai jab tak humein humari manzil nahi mil jaati.

Main jaanta hoon yeh asaan nahi hota, par sach toh yahi hai ki kamyabi asaani se nahi milti, uske liye apne aap ko pura jhokna padta hai, tapaana padta hai mehnat ki aag mein, aur jitni bhi pareshaaniyan aati hain, chahe kisi bhi roop mein aayein, unhein hatana padta hai apne raaste se. Tab ja kar insaan kamyaab banta hai.

Lekin, is sab ke bawajood bhi aapko lagta hai ki aap bahut zyada hi attached ho gaye ho ya woh ho gaye hain aap se, toh aap is relationship ko bhi ek mauka de sakte ho. Isme koi shaq nahi hai ki rishton ko samay dena padta hai, lekin agar aapko lagta hai ki aap is rishte ko bhi samay de sakte ho aur saamne wala shaqs bhi aapki madad kar raha hai aapko aapki manzil tak pahuchane ke liye, toh aap zaroor ek mauka de sakte ho.

Waise toh ye decision aap ka hoga, kyunki aapko decide karna hai ki akele manzil tak pahuchna hai ya kisi insaan ke saath. Agar aapko aisa nahi lagta ki woh insaan aapka zyada dhyaan kheech raha hai aur aap focus nahi kar pa rahe ho apne career par, toh aap usey samjha sakte ho, aur agar samjhane par bhi nahi samajh rahe, toh aise mein uske saath relationship mein mat aao.

Bina understanding ke na aise insaan ke saath relationship mein ana, aur khaas kar tab toh bilkul nahi jab aapka career down hota ja raha hai sirf us relationship ki wajah se. Thodi samajhdaari se faisla lo, soch-samajh kar faisla lo, na kisi ke dabaav mein aakar, aur na hi zyada emotional ho kar.

Work-life balance kar sakte ho, vishwaas hai khud par aur apne partner par toh hi unke saath relationship mein aane ka faisla lena, warrna nahi, kahin aisa na ho jaaye ki aap josh-josh mein haan kar do, ya unke dabaav mein aa kar haan kar do, aur baad mein aapse na apni relationship sambhali jayegi aur na hi apna career.

Ladkiyon ke Saath Sexual Harassment

College khatam hote hi humare career ko ek nayi shuruwaat milti hai. College mein jitna padhte the, jitna sunte aur dekhte the jobs ke baare mein, woh ab haqeeqat hone wala hai. Jab bhi baat jobs ki aati hai, hum kabhi unko lekar negative nahi hote. Humesha ek achhi job ke baare mein sochte hain, ek achhe working environment ke baare mein sochte hain.

Lekin kayi baar jaisa humne socha tha, waisa hota nahi hai. Baat chahe badi companies ya workplaces ki karlo ya fir kisi start-up ya choti company ki. Kabhi na kabhi humare saath aisa koi na koi hadsa ho jaata hai jiska humare dimaag par bahut gehra asar padta hai.

Kisi colleague ka aapko galat nigaah se dekhna, ya galat niyat se aapko touch karna, aise issues bahut aam ho chuke hain. Lag-bhag har ladki apni zindagi mein is tarah ki cheezein face karti hai, aur kayi toh bahut kam umr mein hi is tarah ki cheezon ko face karti hain, us umr mein jab is sab ke baare mein koi knowledge bhi nahi hoti hai.

Bahut si ladkiyon ke saath jab unki job ke dauraan sexual harassment hota hai toh woh ignore kar deti hain yeh soch kar ki ya toh issey jaane-anjaane mein ho gaya, ya shayad apne aap sudhar jayega, ya fir agar iske khilaaf awaaz uthayi toh uski naukri bhi ja sakti hai aur samaaj mein khud ki badnaami bhi ho sakti hai.

Aur kayi baar agar koi ladki awaaz utha bhi leti hai toh ya toh uski awaaz ko dhamkiyon ke zariye daba diya jaata hai ya usko galat proof kar diya jaata hai. Isi wajah se bahut si ladkiyan avoid karti hain sexual harassment ke khilaaf awaaz uthana.

Agar aap bhi kahin kisi company mein job karti hain aur aapko kisi ne sexually harass kiya hai toh aap ghabraiye mat. Aapke saath jo bhi hua hai ussey aap apna confidence lose mat kariye aur na hi aisa sochiye ki aap is baat ko ignore kar dengi. Nahi, aapke mann mein agar aisa khayaal aa raha hai ki aapko sexual harassment jaise crime ko ignore karna chahiye toh aap bilkul galat soch rahi hain.

Agar aap puri tarah se sure hain ki jo bhi hua hai woh jane anjaane mein nahi ya ek accident nahi balki jaanboojh kar kisi ne aapke saath badtameezi ki hai, aapko harass karne ki koshish kari hai toh iske khilaaf awaaz zaroor uthaiye, fir chahe uska anjaam kaisa bhi ho.

Agar aap yeh sochengi ki kisi ki zindagi barbaad ho jayegi ya kisi ko job se nikaal diya jayega, toh is baat ko aap bhi samajh lijiye ki agar aapne aise shaqs ke khilaaf awaaz nahi uthayi toh aaj jo aapke saath hua hai, woh kal ko kisi aur ke saath hoga, kyunki uske andar himmat aa jayegi. Usey lagega ki ladkiyan kamzor hoti hain aur uski fir himmat banegi kisi aur ladki ko sexually harass karne ki.

Toh yeh sirf aap apne liye nahi karne ja rahi hain, yeh aap un sabhi ladkiyon ke liye karne ja rahi hain jo aaye din sexually harass hoti hain. Galat ke khilaaf awaaz uthane se aap galat nahi ho jayengi. Aise log jo ladiyon ko ek soft target samajhte hain, ek object samajhte hain, jiske saath woh kaise bhi chhed-chhad kar sakte hain, unhein zaroor saza milni chahiye. Inko chhod dena sexual harassment ko badhava dena hota hai.

Aap sabse pehle toh kisi senior authority se complaint kariye aur puri situation sachchai ke saath define kariye ki kaise hua kya hua, aur bejhijhak hokar sab kuch bataiye. Agar is beech koi aapko samjhauta karne ke liye bhi kahe toh bilkul mat kariye. Sexual harassment jaise cases mein companies ka naam badnaam na ho isliye woh baat ko dabane ki koshish karte hain, aur kuch bhi offer karke compromise karvate hain.

Aap kisi bhi keemat par compromise mat karna. Har company mein grievance department hota hai jahan par aap complaint kar sakte hain agar aapke saath koi bhi unfair activity ya crime hua hai. Wahan report zaroor karein aur uske baad jo bhi investigation ho, usme contribute karein aur himmat ke saath aage badhte rahein.

Kayi baar investigation se bachne ke liye ladkiyan pehle hi peeche hat jaati hain yeh soch kar ki kaun in sab mein padega. Agar aapko lagta hai ki aap aisa karke sahi kar rahi hain toh aisa bilkul nahi hai. Agar aapko is tarah ki problems face karni bhi pad jayein toh koi burai nahi hai. Aapki thodi si problems at least aise crime ko kam karne mein madad kar bhi rahi hain toh isme kya burai hai?

Jab bhi ek ladki sexually harassed hoti hai, uske dil aur dimaag par gehra asar padta hai, woh bahut darr jaati hai aur ghabrane lagti hai. Is tarah ke incidents bahut gehra asar chhodte hain ek ladki ke dimaag par, kyunki koi bhi ladki na hi kabhi unwanted touch bhulti hai aur na hi galat nigaahein.

Lekin aapko aisi situation mein darna nahi hai, balki bahut hi zyada himmat se kaam lena hai. Aap kamzor nahi hain aur na hi khud ko kamzor samjho. Ladkiyon ke khilaaf badhte crimes kahin na kahin har ladki ke mann mein insecurity paida kar rahe hain aur unhein yeh feeling aani shuru ho gayi hai ki unke liye is society mein rehna bilkul safe nahi hai, jo ki kahin na kahin sach hai.

Par humein waqt ke saath saath aur zamane ke saath saath khud ko dhaal lena chahiye. Agar zamana keh raha hai ki strong bano warna peeche reh jaogey, toh aapko waqt ke saath saath na hi sirf physically, balki mentally bhi strong hona padega. Yeh shayad dobara ho aapke saath, aaj is company mein toh kal kisi aur company mein. Is tarah ki situation ko handle karna ab aa jaana chahiye aap ko, aur kisi bhi tarah ke consequences kyun na ho, apni awaaz ko dabne bilkul mat dena.

Working environment mein hamesha ek distance bana ke rakho unse jo bhi aapke saath work kar rahe hain, khaas kar males. Kyunki harassment sirf unknowns ke saath nahi hota. Kayi baar log baatein kar-kar ke kareeb aate hain, dosti karne ki koshish karte hain aur phir apne maqsad ko anjaam dete hain. Aapne socha bhi nahi hota hai aur aise log aapke saath badtameezi kar jaate hain. Shayad aise bhi log jin par aap bahut zyada bharosa karne lage hain.

Blind trust aaj ke zamane mein kisi par bhi nahi kar sakte. Ek doori hamesha bani rehni chahiye aap mein aur saamne wale shaqs mein. Koi zabardasti kareeb aata dikhe toh usey door se hi warn kar do. Warn karna bhi zaroori hai taaki usko pehle hi andaaza ho jaaye ki aage badhna matlab musibat ko gale laga lena hai. Aur agar uske baad bhi koi zabardasti karta hai aapke saath toh usey zaroor is baat ka ehsaas dila dein ki kisi ladki ke saath chedkhani karne ka anjaam kya hota hai.

Sherni ho aap, bheegi billi nahi. Aap chaho toh apni dahaad se zamana hila sakti ho. Agar naubat aa jaye aisa karne ki, toh peeche mat hona, aur agar ho bhi rahi ho, toh jhapatta maarne ke liye, na ki wahan se bhaagne ke liye.

Overthinking kisi bhi tarah ki situation mein hone lagti hai jab humein us cheez se fark padta hai, lekin agar sochne wale hum hain, toh khud ko shaant karne wale bhi hum hi hain. Aisi situation mein bhi agar kuch soch rahe ho toh apne dimaag ko thanda karo, aur apne bhagwan par bharosa rakho. Problems agar aayi hain toh saath mein solution bhi laati hain, us solution ko use karo aur apne dimaag ko shaant rakhne ki koshish karo.

Kisi bhi tarah ke self-doubt mein mat jao, chahe koi aapko support kare ya na kare, aap akele kar sakti ho, aapko zaroorat nahi hai kisi ke saath ki. Aur is sabke bawajood bhi aapko aisa lagta hai ki aap shaant nahi ho pa rahi ho, ya thodi der ke liye hoti ho aur phir se sochne lagti ho, toh apne aapko waqt do, waqt ke saath-saath sab thik ho jaata hai.

Agar koi hai aas paas jis par aapko bharosa ho, jo aapko sun aur samajh sakta hai, jo aapko judge na kare, uske saath share karo. Share karne se mann bahut halka hota hai. Koi dost, ya family mein koi jis par aapko itna bharosa ho ki woh saath denge ya judge nahi karenge, unke saath share kariye, ya koi shaqs jiske saath aap relationship mein hain, unke saath share kariye, aapke mann ko shaanti milegi.

Agar aap chahein toh mere session ke zariye bhi aap apni baat keh sakti hain. Meri website **anubhavagrawal.com** par mere **Let's Talk Sessions** available hain, aap wahan se book karke mujhse baat kar sakti hain.

Bas, sabse zyada zaroori khud ko waqt dena hai, kyunki, kabhi kabhi koi problem aati hai toh, woh humari marzi se nahi jaati, woh jitni der rehti hai, uska asar humare dil aur dimaag par hota hai, aur usey hum rokne ki koshish kar sakte hain par, kabhi kabhi woh chalti rehti hai saath saath, aur jab uska waqt aata hai jaane ka, toh woh chali bhi jaati hai, isliye bas ab relax karo.

Work Pressure

Kaam ka pressure toh ek aisi cheez hoti hai jo humari rozana ki zindagi mein chalti rehti hai. Koi bhi job ho, chahe woh kisi bhi field ki ho, ya khud ki business hi kyun na ho, har kaam mein aapke upar pressure hota hai us kaam ko finish karne ka. .

Har kaam mein aapke upar pressure hota hai task complete karne ka, grow karne ka, successful hone ka, aur kayi baar ye pressure humein pareshan kar deta hai. Kabhi toh thoda sa pressure hota hai, toh kayi baar situations itni critical ho jaati hain ki, aap depression mein jaane lagte hain, aur aapki tabiyat bhi kharab hone lagti hai.

Tension ek aisi jad hai, jo bahut si bimaariyon ko bulawa de deti hai, phir chahe woh depression ho, high blood pressure ho, ya phir koi aur. Kaam ki tension humare career ki shuruwaat hote hi humare saath chalne lagti hai aur zindagi ki aakhri saans tak, khaas kar tab tak jab tak aap kaam karte hain, tab tak chalti rehti hai. Ek khatam hoti hai, toh doosri aa jaati hai.

Kabhi growth ki tension toh kabhi kaam time par finish karne ki tension, aur yeh tension humare kaam ko sudharne ki jagah ulta bigadne lagti hai. Hum achha kaam shaant dimaag se hi kar paate hain aur jab humara dimaag shaant nahi hota toh, humare achhe bhale kaam bhi bigadne lagte hain aur hum ya toh apne boss/client ki daant sunte hain, ya relations kharab kar lete hain, aur is sab ka affect sirf aapke dimaag par nahi padta, balki aapki pocket par bhi padta hai.

Zaahir si baat hai, jab hum kaam karenge nahi toh humari salary bhi kategi, aur humari income bhi kam hogi, aur yeh tension insaan ko andar hi andar aur bhi zyada khaane lagti hai. Family ki responsibility ho ya apne career aur apne finances ko stable karne ki tension, aksar hum bahut zyada pareshan ho jaate hain rupay paise ko lekar. Khair, baat yeh hai ki, work pressure humare dimaag ko bahut zyada disturb kar deta hai aur hum us situation se jitna zyada bahar nikalne ki koshish karein, aisa lagta hai jaise yeh sab endless hota ja raha hai.

Aksar kehte hain, *'Jaan hai, toh jahaan hai.'* Agar aapki health sahi hai, toh aap zindagi mein kisi bhi pareshani se guzar jayenge, chahein woh kaisi bhi situation aaye, rupay paiso ko lekar ho ya phir job ka pressure. Ek seedhi sachchi si baat hai, agar koi shaqs aapko kisi kaam ko karne ke liye pay kar raha hai, toh woh aap par pressure banayega kaam ka taaki aap kam se kam samay mein zyada se zyada kaam kar sakein aur apne skills ko aur bhi zyada enhance kar sakein.

Life mein kisi bhi tarah ki problems aayein, toh unhey ek challenge ki tarah lo, kyunki agar us kaam ko itni asaani se kar liya jaaye, ya kisi job mein koi target ya pressure na ho toh, aap apne andar improvement kaise layenge? Aap apni life mein grow kaise karenge? Bina challenges ke growth nahi milti. Bahut zyada taraashna padta hai khud ko apne aap mein chamak laane ke liye. Bina taraashe toh heere ki bhi chamak kuch nahi hoti. Heere ko taraashna padta hai usko aur bhi zyada khubsoorat banane ke liye, aur bhi zyada chamkaane ke liye.

Jitna zyada time aap yeh sochne mein waste karogey ki, kaise hoga, hoga ke nahi hoga, ya agar nahi hua toh kya hoga, job chhut jayegi, berozgaar ho jaunga, career khatam ho jayega, agar yeh sab sochne se behtar aap us kaam ko karna shuru karo, toh kahin ke kahin pahuchoge.

Jo kaam aaj adhura lag raha hai, woh karne se hi toh pura hoga na. Itni tension lekar, itni overthinking kar ke kaam karogey toh, aapke kaam mein na hi khubsurti hogi aur na hi accuracy. Kaam ko achhe se karne ke liye sahi jagah dimaag lagaya jaata hai aur thanda dimaag lagaya jaata hai, garam dimaag se kaam keval bigadte hain.

Agar business bhi hai tab bhi, apne upar itna pressure mat banao, aur agar pressure bana bhi rahe ho jaldi grow karne ke liye, kam samay mein zyada unche mukaam par pahuchne ke liye toh, us pressure ko depression mein mat badlo. Pressure hota hai, lekin aap us pressure ko negatively le rahe ho ya positively, yeh aap ke upar depend karta hai.

Successful banne ka koi shortcut nahi hota, phir woh chahein job mein success paana ho ya phir business mein. Successful banne ke liye saalo ki mehnat lagti hai, lagan lagti hai, kaafi saare sacrifices karne padte hain, apna zyada se zyada time dena padta hai, lekin humein yeh samajhne ki bhi zaroorat hai ki, apni work life ke saath saath personal life bhi balance kar ke chalni hai.

Apne kaam ko 24*7 nahi de sakte, aur woh aapki mental health ke liye thik bhi nahi hai. Aap din ke jitne bhi samay kaam karte hain, utne samay kuch aur na kar ke sirf kaam par focus karein aur sirf kaam ko 100% dein, toh aapko yeh pressure itna feel nahi hoga.

Work pressure humari capabilities ko, humari limits ko kholta hai, unhein aur bhi zyada badhata hai taaki hum achhe se aur bhi zyada mehnat karein, isko itna negatively mat lo. Agar duniya mein naam kamana hai, apni society mein uncha mukaam pana hai, toh mehnat bhi baaki logon se alag aur zyada karni hogi, extraordinary banne ke liye mehnat bhi extraordinary karni padti hai.

Lekin chinta ki koi baat nahi hai, dheere dheere in baaton ko seekh logey, apne kaam se seekhogey, usmein experience gain karogey, toh definitely aap apni haisiyat se zyada mehnat karogey aur ek din successful zaroor banogey.

Successful sirf insaan paiso se nahi hota, izzat se bhi hota hai, toh yeh mat sochna ki zyada paise kamana hi successful hona hai, jab mehnat karte hain toh, paise toh aa hi jaate hain, lekin uske saath saath izzat kamana bhi, society aur environment ka dhyaan rakhna bhi, apne se neeche ke logon ki madad karte hue chalna, aur imandari se chalna bhi zaroori hai, kyunki, insaan ki sabse badi wealth uski pehchaan, uski personality hoti hai.

Work pressure jab tak itna hai ki, aap jhel sakte hain, tab tak toh thik hai, lekin agar aapko aisa lagta hai ki, aap kaam ki kuch zyada hi tension lene lage hain, ya pressure bahut zyada banaya ja raha hai aap par, toh aap kuch din ke liye kaam se chutti le lo. Kuch waqt khud ke saath, family ke saath aur doston ke saath guzarna bhi zaroori hai, aap pure time kaam ke baare mein sochte rahogey toh, wakayi mein dimaagi roop se bimaar padne lagogey. Khud ko aur activities mein involve karo, doston ke saath baat karo, unke saath baitho, family ke saath baitho, aur unse baat cheet karte raho. Jo bhi problem chal rahi hai life mein, usey share karte raho apno ke saath.

Agar job kar rahe ho aur aapke upar unbearable pressure banaya ja raha hai, aur aapko lagta hai ki, aap job chhod sakte ho ya switch kar sakte ho, toh zaroor karo. Kuch companies apne employees ko bahut buri tarah treat karti hain aur aise mein aapki health aapki job se zyada zaroori hai. Job doosri bhi mil jayegi, lekin, zindagi ek hi hai, dimaag bhi ek hi hai, agar in par asar pada toh, job karne ki halat mein nahi bachogey.

Kuch waqt struggle karna padega toh kar lena, lekin, ek aise working environment mein raho jahan par aap peacefully kaam kar sakte ho, jahan ka environment physically bhi or mentally bhi safe aur peaceful ho.

Phir se yaad dilana chahunga, "*Jaan hai, toh jahaan hai.*" Aapki family bhi aapko khona afford nahi kar sakti aur na hi aapko bimaar dekhna. Isliye jinke liye itni mehnat kar rahe ho, agar itna sab kuch kar ke woh aakhiri mein pareshan hi hone hain, toh kya fayda?

Isliye, job ko chhod dena hamesha ek option hai aur aage bhi rahega. Job chhodne ke baare mein sirf tab socho jab lage ki aapne apna 1000% de diya, lekin, uske baad bhi aap depressed feel kar rahe ho us company mein. Aisa na ho ki, aap mehnat se bachne ke liye aur comfort zone ko dhundne ke liye job switch karne ke baare mein soch rahe ho.

Mehnat karna apni jagah hai aur tortured hona apni jagah hai. Utni mehnat karo aur tab tak karo jab tak yeh sab aapko ek torture na lage. Zyada pareshan mat ho, thande dimaag se socho, kuch samajhdaar logon se discuss karo aur phir decision lo. Aur haan, waqt dena khud ko, bhale hi thoda time lage ek nayi shuruwaat karne mein, par aakhir mein sab theek zaroor ho jayega.

Aur intezaar nahi kiya jaata thik hone ka, khud aise faisle lene padte hain jo humein aisi musibato se bahar nikalein aur ek achhi aur sukoon bhari zindagi de sakein. Kisi bhi field mein struggle bahut hota hai, kisi bhi work mein struggle bahut hota hai, utna pressure lo jitna aapki capability hai.

Toxic Work Culture

Jab bhi humari job lagti hai, humari khushiyan saatve asmaan par pahuch jaati hain. Matlab aisa lagta hai ki zindagi ki ek nayi shuruwaat ho gayi ho jaise. Life mein positivity aati hai ki aap apne pairon par khade hue hain, ab aap jo chahe wo le sakte hain, apne parents ke liye kuch kar sakte hain. Achanak se aisa lagne lagta hai ki ab aap apne tareeke se jee sakte hain, khud ke paison se.

Har koi expect karta hai apne job se ki usey woh kaafi zyada grow karne mein help kare, usey kuch sikhaye, personality development ho, confidence badhe, skills enhance hoyein, aur bhi bahut kuch.

Kisi bhi workplace ya company ko join karne se pehle hum itna dhyaan nahi dete ki andar ka environment kaisa hoga aur kaisa nahi, kisi field ki kisi company ke baare mein thoda bahut suna hota hai ki, haan achhi company hai, achhe fayede deti hai, achha package mil jaata hai, khaas kar woh sab kuch jo humein chahiye hota hai, uske lalach mein hum chale toh jaate hain, par cheezein har baar waisi nahi rehti jaisi hum umeed karte hain.

Humare join karne ke baad hum khush toh bahut hote hain, lekin jaise hi hum andar kadam rakhte hain, logon ko dekhte hain, unse baat karte hain, humein kayi baar negative vibes aati hain. Lekin, kayi baar hum kaafi der baad samajh paate hain ki andar ka mahaul kaisa hai.

Sabse pehle baat karte hain ki aakhir toxic work culture hota kya hai?

Toxic work culture woh hota hai jahan par ek shaqs ko workplace mein mentally torture kiya jaata hai, physically ya verbally abuse kiya jaata hai, uspe bahut zyada pressure banaya jaata hai kaam ka aur agar woh nahi hota toh usey bahut zyada abuse sunni padti hain apne managers se.

Verbal ke saath saath physical abuse aur sexual harassment bhi hoti hai aisi companies mein. Aisa sirf aapke saath nahi, wahan pe maujud har employee ke saath hota hai jiski wajah se wahan ka mahaul bahut hi zyada depressing, demotivating aur toxic ho jaata hai.

Toxic work culture humari mental health ko bahut zyada affect karta hai. Hum depressed ho jaate hain yeh soch-soch kar ki kaise us jagah par har roz subah uthkar jayein, kaise woh kaam karein jo humein pasand nahi, kaise survive karein us jagah par jahan dum ghut ta hai, kaise wahan ke colleagues ka saamna karein jinhein hum pasand nahi karte.

Humein aisa lagne lagta hai ki kaam karna humari majboori hai, khaas kar woh log jo bahut zyada zimmedariyon ke neeche dabe rehte hain, chahe woh ghar chalana ho ya family ko support karna. Agar job chhodi toh paisa aana band ho jayega aur kharche nahi chal payenge, bahut tension hone lagti hai aur kayi baar depression mein chale jaate hain hum.

Dekho, bechain hone ki, pareshan hone ki, ya zarurat se zyada tension lene ki zaroorat nahi hai. Agar koi company hai jo aapko nahi pasand aayi aur aap ussey nikalna chahte hain, boss ke taane sunte-sunte pareshan ho rahe hain, dum ghut raha hai wahan toh ye socho ki aksar cheezein humari umeed se kayi guna zyada ghatiya nikal jaati hain, isko soch-soch kar pareshan mat ho.

Kisi aur company mein apply karna shuru karo, interviews dena shuru karo. Chahe toh us company mein job karte-karte aisa karo, nahi toh us job se chutti le kar aisa kar sakte ho. Aur agar chutti nahi mil rahi hai aur mahaul kuch zyada hi kharaab aur pechida hota ja raha hai toh aap bina koi resignation diye chhod do. Usey chhod ke apne ghar baitho kuch waqt, apni family ke saath time spend karo, apne doston ke saath time spend karo aur agar kisi ke saath nahi karna chahte toh khud ke saath karo, kuch waqt tak akele raho, aur khud ko samay do.

Toxic work culture sirf dimaag par hi asar nahi daalta, balki humare confidence ko bhi kam kar deta hai. Humari relationships mein bhi uska asar padta hai. Hum bahut zyada fikar karne lagte hain, humari himmat tootti hai. Jo log zyada sensitive hote hain unhein anxiety hone lagti hai office ke naam par. Apne aap ko, apne dimaag ko itna zyada load mat do aur itni tension mat lo. Jaan rahegi toh sab kuch haasil kar logey, ek nayi koshish kar logey. Lekin agar jaan nahi rahi toh sab khatam.

Is jagah par khud ko fasa hua mat samjho. Nahi! Aisa bilkul bhi nahi hai, apna future kisi ko pata nahi hota, kuch aapki kismat thi toh kuch aapki laparwahi. Aajkal har company ke baare mein internet par reviews zaroor hote hain, wahan ke ex-employees post karte hain ki wahan ka environment kaisa hai, kaam kaisa hai, aur pressure kitna rehta hai, etc.

Kisi bhi company ko join karne se pehle uske baare mein research kar leni chahiye, taaki agar koi cheez aapko dikh nahi rahi hai ya pata nahi hai, toh uske baare mein pehle se pata chal jayega.

Agar sab kuch sahi lage par uske baad bhi sab gadbad ho jaaye, toh bina pareshan hue wahan se chup-chaap nikal jao aur kahin aur try karo, kisi aur company mein apna resume bhejo. Bhale hi thoda gap ho jayega, ya thode paise kam zyada milenge, lekin dimaag aur mann mein shanti rahegi aur bewajah overthinking nahi karoge.

Aisa culture aapki growth ko rokta hai aur aapko life aur jobs ka ek bahut hi negative perspective deta hai, jiski wajah se aap bahut hi low feel karne lagte ho. Isiliye kabhi bhi aisi organizations mein zyada waqt tak nahi theherna chahiye. Bahut si opportunities mil jayengi, thoda waqt lagega kahin aur settle hone mein, kisi aur jagah shuruwaat karne mein, lekin woh waqt, aur woh mehnat, waste nahi jayegi.

Apne upar bharosa rakho, apne pyaar karne walo ke baare mein socho jinko aapki parwaah hai, jo din-raat aapki achhi sehat ki dua karte hain, jo aapko khush dekhna chahte hain. Agar aap khush nahi rahenge toh aap doosron ko bhi khush nahi rakh payenge. Aise logon ke naam par hi sahi par khud ko aisi jagah se door karo aur ek nayi shuruwaat karo.

Zyada soch-vichaar mat karo, zyada overthink mat karo, aage ke liye mehnat karo. Yahan se niklogey toh raste apne aap bante chale jayenge. Bas, khud par bharosa karne ki baat hai! Kisi bhi haal mein usey mat tootne dena.

Apni mental health ko priority banao, aur aisa mat sochna ki yeh aapke career ko affect kar dega, aisa kuch bhi nahi hoga. Aapka career apne aap track par aa jayega, chahe uske liye thoda struggle hi kyun na karna pade.

Bas, ab is baare mein overthinking karna band karo, aur khudko aisi jagah se bahar nikalne ki tayariyan shuru kar do.

Job Chhoot Jaana

Life mein agar 'ups' aate hain toh 'downs' bhi aate hain. Achha waqt aata hai toh bura waqt bhi aata hai. Par life kisi ke liye rukti hai kya? Nahi! Life na kabhi kisi ke liye rukti hai aur na hi hume give up karna chahiye.

Job ho ya business, hum is umeed mein shuru karte hain ki apna career banayenge, khub paise kamayenge, naam kamayenge aur grow karenge apne kaam mein, apni field mein.

Humari job lagti hai, achhi chalti hai aur hum positive soch ke saath aage badhte chale jaate hain ki sab sahi hoga, aur isi tarah mehnat karte hue aage badhte chale jayenge, na rukenge aur na hi peeche mudenge. Hum bahut zyada positive hote hain, khaas kar tab jab humari pehli job lagti hai.

Par kabhi kabhi jaisa hum sochte hain waisa hota nahi life mein, humari soch or umeed se badhkar kharaab ho jaati hain cheezein aur hum uske liye prepared bhi nahi hote hain. Hum kuch der ke liye bahut zyada negative ho jaate hain aur pareshan hone lagte hain us cheez ko lekar.

Job ka chhoot jaana ya business mein bada loss hona ya business band ho jana unhi badi negative cheezon mein hoti hain, jinke liye hum kabhi prepared nahi hote. Kisi bhi tarah ka mishap ho jaana job mein, ya company ki taraf se nikaal diye jaana, bilkul depression mein daal deta hai humein. Hum bahut zyada overthinking karne lagte hain, khaas kar tab jab humare upar kaafi zimmedariyan hoti hain aur humne kuch goals set karke rakhe hote hain.

Agar aapki bhi job chhoot gayi hai, wajah chahe koi bhi ho, chahe aapko nikala ho aapke kharaab performance ki wajah se, ya aapko chhodni padi ho kisi gadbad ki wajah se, ya phir company band ho gayi ho, agar aisa kuch hua hai aapke saath aur aap is baat ko lekar bahut zyada pareshan ho rahe hain toh ek baat batao.Kya aapko kabhi doosri job nahi mil sakti? Kya aap dobara mehnat aur koshish nahi kar sakte? Kya aap itni jaldi haar maan logey? Chahe career ki shuruwaat ho ya kaafi saalo ka experience ho, kisi bhi condition mein aapke andar give up karne ki feeling nahi aani chahiye.

Agar ek darwaza band hota hai, toh kayi naye darwaze khulte hain. Agar aapko lagta hai ki aapki kisi laparwahi ya us job ko achhe se perform na karne ki wajah se job chhooti hai, toh aap apne skills par work karo. Apne skills ko enhance karo, develop karo aur mehnat karo apne upar.

Agar job humari kami ki wajah se jaati hai, toh humein dukh toh bahut hota hai, lekin hum agar baithke rote rahenge, afsos karte rahenge toh ussey kuch badalne wala nahi hai. Baithke rone ya time waste karne se better hai ya toh aap us skill par work karo, us kami par work karo. Aur agar aapko aisa lagta hai ki aap ke andar capabilities hain, khasiyat hai par yeh kaam alag hai, yeh kaam aap nahi kar sakte, toh aap field ya job profile bhi switch kar sakte ho.

Kabhi-kabhi aisa hota hai ki hum khud ko explore nahi kar paate hain aur humein bahut der mein pata chalta hai ki hum kis field mein zyada behtar hain, kis kaam ko zyada achhe se perform kar sakte hain.

Agar ek shaqs writing karne mein interested hai, usey likhna pasand hai aur agar usey sales ki job mil jaaye aur woh join kar le toh woh zyada din nahi tik sakta, kyunki usey kuch bechne se zyada likhne mein maza aata hai, woh wahi kaam achhe se kar sakta hai.

Woh quotes likh sakta hai, books likh sakta hai, scripts likh sakta hai ya jis cheez mein uska interest ho woh likh sakta hai, ussey kabhi koi cheez bechi nahi jayegi, ya agar bechi bhi jaaye toh, woh us kaam ko zyada mann laga ke zyada waqt tak nahi kar sakta.

Har insaan ke andar koi na koi khoobi hoti hi hai. Uska dimaag kisi ek jagah chalta hai, usko kisi ek kaam mein interest hota hai. Agar aap apne passion ko follow karoge, ya apne us interest ko aur zyada explore karoge toh aapko aapke career mein zyada achhi growth milegi aur aap dil se khush bhi rahogey. Bhale hi thode kam paise kamaoge shuruwaat mein, lekin, apne interest ke kaam mein insaan jaldi grow karta hai.

Agar field ki problem ki wajah se job chhooti hai toh field change karlo, kaun kya sochega aur kya nahi is baare mein aap mat socho. Jisey jo sochna hai sochne do, aap bas apne career par dhyaan do. Ghar mein har koi aapko khush dekhna chahta hai, aapko successful dekhna chahta hai, aur aap khud par vishwas karke aage badhogey toh ek na ek din zaroor successful banogey.

Agar skills ki wajah se job chhooti hai toh zaahir hai apne skills par focus karo, unhein aur bhi zyada improve karo. Chahe thoda waqt lelo, thoda gap aa jaaye jobs mein, koi baat nahi, par kam se kam jab dobara join karogey kahin toh aap us kaam ko pehle se zyada behtar tareeke se kar paoge. Apne upar vishwas rakho aur mehnat karo, aapko ek din success zaroor milegi.

Ho sakta hai kuch personal problems hone ki wajah se job chhoot gayi, jaise aapke ya kisi family member ke health issues, kisi beloved one ki death ho jaane ki wajah se depression mein chale jaana aur job chhoot jana. Agar aisi koi wajah hai aur aap tension le rahe hain job aur career ko lekar, tab bhi khudko sambhalo aur itni tension mat lo. Jo aaj chhoota hai woh kal ko phir jud sakta hai. Jobs ki kami nahi hoti, ek na ek mil hi jaati hai, ho sakta hai thoda kam package se shuruwaat karni pade, par koi baat nahi, tension mat lo, waqt ke saath-saath sab kuch thik ho jayega.

Aapka mentally strong rehna bahut zaroori hai. Apne aap ko itna negative mat hone diya karo, zyada negative sochte ho isliye pareshaniyan hoti hain. Kuch bura hota hai toh kuch achha bhi hoga, thoda gap aa jaaye toh koi baat nahi, par dobara track par wapas zaroor aa jaoge. Agar aap ke saath health issues hain toh koi baat nahi, health bhi toh bahut zaroori hai, bina health ke kaisa career? Zindagi rahegi toh sab kuch kar lenge, chahe phir se shuruwaat hi kyun na karni pade. Lekin itna overthinking mat karo career ko lekar. Ek baar health thik ho gayi toh wapas track par aa jayengi cheezein.

Aur agar company mein kuch problems hone ki wajah se job chhooti hai toh befikar raho. Har company ke competitors hote hain, aap wahan try karo, thode interviews do, thoda wait karo, jo dagmagaye ho aaj aur sambhalne mein waqt lag bhi raha hai toh koi baat nahi, har cheez ka ek waqt hota hai, na woh waqt se pehle hoti hai, aur na baad mein. Toh intezaar karo aur apni koshish jaari rakho, aise mein sabr bahut zaroori hai.

Zyada tension mein aane se kuch nahi badlega. Har cheez ke liye prepared rehna chahiye insaan ko, chahe achha ho ya phir bura. Jo achha hua hai toh bura bhi hoga, aur bura hua hai toh achha bhi hoga, achhai aur burai toh saari zindagi sang chalti rahegi, yeh kabhi alag nahi hongi humse.

Aur companies mein try karo, koi na koi teer sahi jagah zaroor lagega, bas overthinking kar-kar ke apna mindf**k mat karo. Dimaagi roop se sahi rahogey, toh sab pareshaaniyon se bahar nikalte chale jaoge. Isliye overthinking ko maro taala aur zindagi ke challenges ko accept karna shuru karo. Main dua karunga ki aapko jald se jald ek achhi job mile aur aap zindagi mein khub kamyab ho.

Business Band Ho Jaana

Ab tak baat kari hai job ki. Ab baat karte hain business ki, kyunki, business ki situations alag hoti hain aur uski tensions bhi. Business aapne shuru toh bahut umeed se kiya tha, lekin kabhi-kabhi cheezein work out karti nahi hain, aur ya toh temporarily ya phir permanently businesses band ho jaati hain. Business mein loss hona, ya bahut badi problems aa jaana, ek aam baat hoti hai.

Kabhi-kabhi hum prepared hote hain badi problems ke liye, lekin kabhi-kabhi nahi bhi hote hain. Chahe aapke business ki shuruwaat ho ya phir saalon purana business ho, situations badalti rehti hain, market conditions badalti rehti hain, competitors bhi aate-jaate rehte hain aur problems bhi badhti-ghatti rehti hain.

Business mein hum invest sirf apna paisa hi nahi karte, balki time bhi karte hain, efforts bhi karte hain, mehnat bhi karte hain, mann laga ke mehnat karte hain. Par kabhi-kabhi aisi situations aa jaati hain, jab humein aur humare business ko ek zor ka jhatka lagta hai aur hum bahut zyada negative ho jaate hain, aur overthinking karne lagte hain.

Pareshan mat ho, agar yeh loss recoverable hai toh sabr rakho, phir se koshish karo, kisi naye dhang se koshish karo, kisi nayi technique se koshish karo, socho kaise bachaav kar sakte ho aisi pareshani se, kaise apne business ko wapas market mein la sakte ho, kaise loss ko recover kar sakte ho, aur kaise apni image dobara build up kar sakte ho. Time zaroor lagega yeh sab karne mein, sochne mein, par ek din hoga zaroor.

Business wale kabhi give up nahi karte. Fail hona journey ka ek part hota hai, lekin khud ko failure samajhna sabse bada loss hota hai humara. Aap ne agar ek koshish kari thi toh usey khatam mat karo. Business mein bahut si situations aisi aati hain jab hum stuck ho jaate hain, humein samajh nahi aata ki hum kya karein is situation se nikalne ke liye, kaise deal karein is sab se.

Apne bhagwaan se pray karo, apne karm sahi karo, kyunki karmon ka bahut bada role hota hai humare business ki journey mein. Karm har cheez mein humare peeche-peeche aate hain, humari zindagi ki har cheez ko affect karte hain. Galat karm karne wale shaqs ke saath zindagi mein kayi baar galat hota hai, alag-alag roop mein hota hai. Jo insaan karm achhe karta hai, usey bhagwan khud raasta dikhata hai aur manzil tak lekar jaata hai.

Aapki apni intelligence aur skills toh hote hi hain, lekin aapke karm bhi bahut bada role play karte hain aapke successful hone aur us success ko jeene mein. Ek mehnati shaqs unchai par jaa kar usey chhu leta hai lekin us unchai par bane rehna sabse bada challenge hota hai.

Aur karmon mein ek sabse bada karm apne maa-baap ki izzat aur pyaar karna hota hai. Aise bahut se log hote hain jo apne maa-baap ko zyada respect nahi karte, unhein zyada pyaar nahi karte. Maa-baap jaise bhi hain, aapka farz hai humesha unki respect karna, na ki sirf peechhe, balki unke saamne bhi.

Jo shaqs apne maa-baap ki izzat karta hai, woh zindagi mein kamyaab zaroor hota hai, aur jo nahi karte, woh bhale hi kitni bhi mehnat kyun na kar lein zindagi mein, woh kabhi na kabhi chot khaate hi hain. Kabhi yeh mat socho ki mere maa-baap ne mere liye kiya hi kya hai, unhone aapko paida kiya, wahi kaafi hai.

Agar aapki saari koshishon ke baad bhi aap apne business ko badha nahi pa rahe ho toh kisi aur cheez mein dimaag lagao. Zindagi mein loss hona koi myth nahi hota, ek sach hota hai, aur humein is sach ko accept karna chahiye jab humari koshishon ke baad bhi humein nuksaan ho jaaye.

Aur aisa bhi zaroori nahi ki agar ek business shuru kiya hai toh woh successful hoga hi hoga. Kayi baar ek business shuru karne se pehle jitna amazing lagta hai, woh baad mein utna hi complicated ho jaata hai.

Agar business mein downfall aya hai toh, mehnat karke usey wapas upar lekar jao. Kayi baar hum purani techniques ya purani technology ya purane ideas ki wajah se fail ho jaate hain, aur humein loss ho jaata hai. Kisi bhi business ko waqt ke saath, technology ke saath, upgrade karna bahut zaroori hai. Jo market mein demand hai, ya jo demand ho sakti hai aane wale samay mein, us cheez ke hisaab se humein market mein apne product ya service ko introduce karna chahiye aur unme changes karte rehna chahiye.

Loss hona aur usey failure maan kar give up kar dena aapko kabhi ek achha aur successful businessman nahi bana payega. Failure ko ek challenge ki tarah accept karna seekho aur khud se promise karo ki aap apne aapko fir banaoge, chahein duniya hasey, mazaak udaye ya kuch bhi kare, apne aap ko dobara uthana hai aur itni mehnat karni hai ki jo aaj aap ke mu par has rahe hain ya aapko loser samajh rahe hain ya underestimate kar rahe hain, unke mu par ek tamacha pade aapki kamyabi ka.

Aapka dedication, aapka hard work aur aap ka mindset hi aapko ek successful insaan banata hai. Phir chahe woh job ho ya business, give up karna, haar manna, aapki dictionary mein nahi hona chahiye.

Life mein jo bhi problems aati hain, hum unse ladte hain aur tab tak ladte hain jab tak hum un problems ko jad se khatam na kar dein, na ki hum problems se darr ke bhaag jaate hain. Usi tarah agar business mein bhi problems aayi hain toh koi baat nahi, inse darna nahi hai, inhein face karna hai aur khatam karna hai, ek aur koshish ke saath.

Agar naubat ek business ko band karne ki aa gayi hai kyunki, aapki ya to calculations galat thi, ya aap se kuch galtiyan aisi ho gayi jinki wajah se ab aapko wakayi mein ye business band hi karna padega, toh sabr karo. Pehle toh koshish karo ki aisa na ho, koi tareeka nikaalne ki koshish karo, bas kaise bhi kar ke survival ho jaye aapke business ka. Agar milta hai toh thik, aur agar nahi milta toh koi baat nahi, us business ko band hone do aur kisi aur cheez ki taraf dhyaan lagana shuru karo.

Malum hai itna asaan nahi hota aisi situations se deal karna, lekin insaan himmat khud ko deta hai aur khud ko apni problems se bahar nikalta hai. Aapko bhi sahara dhundne ki zaroorat nahi hai. Agar gir gaye ho toh gire thodi rahogey, ya agar race mein haar gaye ho toh zindagi thodi khatam ho gayi. Dobara banao khud ko, firse shuruwaat karo, same business ki nahi toh kisi aur business ki hi shuruwaat karo, par haar mat maano.

Haar maan kar ghar par mat baith jao. Khud ko loser mat samjho, aap jahan tak pahuche the, wahan tak pahuch paana bhi bahut logon ka sapna hota hai. Give up karne wale loser hote hain, na ki woh jinke andar itna jazba abhi bhi hota hai ki woh phir se shuruwaat karenge.

Thoda waqt lo is sab ko apply karne ka, kyunki zaahir si baat hai, waqt lagega, par sab sahi ho jayega aur sahi khud nahi hoga toh usko karna padega. Yeh thaan lo aur apne zehen mein baitha lo.

Career se judi har pareshani zaahir si baat hai dil aur dimaag par bahut gehra asar karti hai, kyunki humari life usi ke aas paas ghoom rahi hoti hai. Hum kitne successful logon ko dekhte hain aur inspire hote hain unke jaisa banne ke liye, unse behtar banne ke liye, aur hum usi safar par nikal padte hain bahut zyada motivated aur confident ho kar.

Par aksar hum yeh bhul jaate hain ki koi bhi success yuhin nahi milti, uske peechhe ka struggle bhi samajhna zaroori hai. Us ek success ke peechhe kitni baar ek shaqs fail hota hai, hum us cheez ko nazarandaaz kar dete hain. Hum jitna kamyabi ke liye prepare hote hain, humein nakamyabi aur failure ke liye bhi prepare hona chahiye, us safar mein aane wale har challenge ke liye prepare hona chahiye, kyunki agar hum un sab cheezon ke liye prepare nahi hue toh humara manzil tak pahuchna mushkil ho jayega.

Chahe koi kitna hi hoshiyaar kyun na ho, galtiyan sab se hoti hain, situations har kisi ki badalti hain, bas sawaal hai toh yeh ki aap apni galti se kya seekhe hain? Agar aap galtiyon ko negatively logey, situations ko negatively logey toh na aap unse kuch seekhogey aur na hi aap un situations se bahar nikal sakogey.

Chahe job ho ya business, har field mein, har kaam mein mehnat hoti hai aur kisi bhi cheez mein grow karna itna asaan nahi hota. Sab kuch hota chala jaaye toh kayi baar kismat beech mein aa jaati hai. Lekin kismat bhi banane se banti hai, agar aap ne thaan liya kisi cheez ko haasil karne ke liye, toh koi taakat aapko nahi rok payegi, bas shart yahi hogi ki aapko give up nahi karna, chahe kitni hi baar fail kyun na ho jao. GIVE UP NAHI KARNA HAI!

Zyada overthinking mat karo career ko lekar aur mehnat karne mein jut jao, chahe gir-gir ke aage badho, lekin na ruko aur na hi peechhe mud kar dekho. Khud ko kaabil banane mein jut jao—jitna zyada experience gain karogey, utna hi asaan ho jayega aage ka safar. Isliye sochna band karo aur karna shuru karo, waqt bahut keemti hai, iski kadr karo. Kal jahan dekhte ho khudko pahuchte hue, jis muqaam ke din raat sapne dekhte ho, unhein sach karne koi aur nahi aayega, aap hi unhein sach karoge, aur zaroor karoge.

Khud se promise karo ki aap give up nahi karoge, chahe badi se badi problem kyun na aa jaye life mein, aap thande dimaag se sochogey aur tareeka dhundogey ussey bahar nikalne ka, lekin AAP GIVE UP NAHI KAROGEY!

Har successful insaan ka yahi attitude hota hai ki woh kabhi give up nahi karta, chahe kitni hi baar fail kyun na ho jaaye. Aur fail hone ke baad jab success milti hai na toh humein us success ki kadr bhi bahut zyada hoti hai. Isliye, aaj se sochna band aur mehnat shuru.

Career se judi lag-bhag har problem ke baare mein discuss kiya hai, baaki bahut hongi abhi bhi, lekin aapko ab samajh aa gaya hai ki jab problems aati hain career mein, toh unhein kis attitude ke saath deal karna hai, kaise unko face karna hai aur kaise un problems ko thik karna hai.

Conclusion

Zindagi se jude lag-bhag har phase mein hum overthinking karte hain. Sirf overthinking hi nahi balki kayi situations hote hain jinme hum fas jaate hain aur samajh mein nahi aata ki, ab kya karein. Unke liye maine solutions dene ki puri koshish kari hai, taaki aapki har problem ko solve karke aap apni life ko jitna zyada ho sake khushi se jee sako.

Overthinking kul-milake ek aisi situation hai jahan pe hum aage ke baare mein aisi-aisi baatein soch lete hain ya kisi bhi cheez ke baare mein itna sochna shuru kar dete hain ki woh bhi sochne lagte hain jo exist hi nahi karta, jo hua hi nahi, jiski sambhavna bhi nahi hai hone ki. Lekin phir bhi hum us sab ke baare mein soch-soch ke apne aapko pareshan karte rehte hain.

Humein sirf apne aapko har problem ka solution dena hota hai aur waqt par chhod dena hota hai har ek cheez ko jis par humara koi bas nahi, aur jisko hum badal nahi sakte. Zaroori nahi hai ki har cheez ka solution usi waqt mil sake. Kabhi-kabhi kuch problems ka solution yehi hota hai ki un problems ko waqt par chhod diya jaaye. Kya pata jis cheez ka aapko darr hai, woh cheez samne hi na aaye, ya aaye bhi toh uske saath aap bahut araam se deal kar sako.

Jo kaam aaj namumkin lag raha hai, woh ek na ek din asaan ho jayega, jis tak pahuchna asaan ho jayega, isliye aisa kabhi bhi nahi sochna chahiye ki yeh karna impossible hai, kya pata waqt aapke liye aage kya challenges lekar aaye. Cheezein kitni asaan aur kitni mushkil ho jayein, yeh kisi ko nahi pata hota hai, isliye humein kabhi bhi future ko lekar itna zyada pareshan nahi hona chahiye.

Sirf ek cheez ka dhyaan rakho, aaj mehnat karo, lag ke mehnat karo puri imandaari ke saath. Aur sab bhagwan aur waqt par chhod do. Aapke hisse ki khushi, ghum, kamyabi aur nakamyabi aap se koi chheen nahi sakta.

Jis tarah kamyabi ko accept karte ho, nakamyabi ko bhi accept karna seekho, jo insaan nakamyabi ko accept karta hai aur kamyab hone ke liye dobara mehnat karta hai, woh kamyab zaroor hota hai. Usi ko asli kadr pata chalti hai kamyabi ki, aur kabhi bhi us kamyabi ko woh for granted nahi leta hai.

Aur ek baat—kamyaabi ka raasta aksar kayi nakamyabiyo se hokar guzarta hai, toh apne aapko tayyar kar ke rakho ki agar kisi kaam mein, kisi cheez mein, kisi maksad mein nakamyab ho gaye, toh koshish karna band nahi karna, give up nahi karna, ek se nahi toh doosre tareeke se usi kaam ko karne ki koshish karo, koi na koi raasta zaroor hoga jo aap chook rahe ho. Jitni zyada practice karoge, utne kareeb pahuchogey apni manzil ke.

Kisi bhi pareshani ko lekar overthinking karne se woh pareshani kam ya zyada nahi ho jaati, woh sirf aapka sukh aur chain chheen leti hai. Jitni der aap us baare mein soch rahe hain, utni der aap na hi khush hain aur na hi aap sukoon se saans le pa rahe hain. Isliye zyada sochne se behtar hai ki us problem ko solve karne ke upar dhyaan do. Dekho, yeh hum sabko pata hota hai ki problem kya hai, hum sab ke saath problems judi hoti hain, lekin hum difference tab banate hain jab hum us problem ka solution lekar aate hain.

Problems sabke paas hain, par solution dhundne par dhyaan do, aur dimaag chalaogey toh samajh aayega ki har problem ka koi na koi solution hota hi hai, aur jinka solution nahi bhi mil raha ho, toh humein us problem ko waqt par chhod dena chahiye, koi na koi darwaza zaroor khulega, koi na koi raasta zaroor milega.

Sabse zyada zaroori patience hota hai zindagi mein. Jo patience rakh leta hai uske liye raaste zaroor khulte hain, aur besabrapan aksar humein pareshaniyon mein daal deta hai. Saath hi saath overthinking jaisi pareshaaniyan bhi besabrepan ki wajah se humse jud jaati hain.

Patience rakho, bhagwaan par bharosa rakho, aur apne karm sahi rakho. Aksar hum sab kuch sahi kar lete hain siwaye apne karm ke. Agar humare karm sahi honge toh, kamyabi kadam zaroor chumegi.

Kamzoriyan sab mein hoti hain, lekin har insaan ka apni kamzoriyon se deal karne ka tareeka hota hai. Kuch log apni kamzoriyon ko apni takat banate hain, unhein apni zindagi se nikaal ke apne andar badlaav laate hain, aur kuch log un kamzoriyon ko accept karte hain aur apni zindagi mein ek bahut ehem jagah nahi dete, unhein nazarandaz karke zindagi jeete hain.

Waqt aa gaya hai ki aap ya toh apni kamzoriyon par kaam karo, ya unhein accept karo positive mindset ke saath. Bewajah overthinking se kuch nahi badlega, ab jo badalna hai woh aapko badalna hai.

Isliye mehnat karo khud par, bharosa rakho khud par, aur khuda par, aur waqt ko waqt do—sab thik ho jayega.

Zindagi mein ups and downs toh bahut hain, lekin humein yeh nahi bhulna chahiye ki jab tak ups and downs hain, tab tak aap zinda hain. Jab ups and downs khatam, toh aap bhi khatam. Usi tarah, jis tarah heartbeat monitor mein beats upar neeche jaati dikh rahi hoti hain, jab tak up and down ja rahe hain, tab tak insaan zinda hai, aur jab woh ek straight line ban jaati hain, tab insaan ki saansein bhi ruk jaati hain.

Aap kabhi bhi pareshaniyon se mukt nahi ho paoge, aapko tareeka dhundna padega apni pareshaniyon se deal karne ka, kyunki, jab tak zindagi hai, tab tak pareshaniyon ka aana jaana bhi laga rahega.

Meri dua aapke saath hai ki aap jo bhi pareshani se guzar rahe hain, jitne bhi negative phase se guzar rahe hain, aap jald se jald thik ho jayein aur overcome kar sake us har ek pareshani ko. Meri bahut bahut shubhkamnayein aapko aapke future ke liye.

Agar aap mujhse personally baat karna chahte hain apni life aur relationship problems ke baare mein, toh aap mera 'Let's Talk Session' book kar sakte hain meri website ke zariye: www.anubhavagrawal.com

Umeed hai aapko meri is kitaab ke zariye zaroor madad mili hogi.

Acknowledgements

Sabse pehle aur sabse zyada main shukriya ada karna chahunga meri khubsoorat wife, mera pyaar, meri shiddat, Saloni ka, jiski madad se main is kitaab ko pura likh paya. Agar woh nahi hoti toh beshaq ye kitaab adhuri reh jaati.

Uske baad main shukriya ada karna chahunga mere Guruji ka, jinki blessings ki wajah se main aap sabhi tak apni awaaz, apni baatein aur apni advice pahucha paya hoon. Unki blessings ke bagair ye mumkin nahi hota.

Meri family ka bahut bada contribution hai meri book ko support karne mein. Meri maa, mere papa aur ghar ke sabhi members ko mera bahut bada shukriya. Unki support se main is mukaam tak pahucha hoon.

Aur aakhiri mein meri social media family ka dil se shukriya, jinhone meri har kitaab ko support kiya, har poetry ko suna aur itna grow karne mein meri madad ki. Aap sabhi ko tahe dil se shukriya, aap na hote toh shayad main kabhi yahan tak pahuch hi nahi paata. BIG THANKS!

About the Author

Anubhav Agrawal is an author, a writer and a social media influencer. He completed a Master of Business Administration degree before embarking on a journey as a writer. He's the founder of a famous poetry community, Iwritewhatyoufeel®. He has more than 5 million followers across all social media platforms, which makes him one of the most-followed Indian authors. He has influenced millions of people through his Let's Talk Sessions and poetry.

Anubhav started writing as a hobby. Later it became his passion, and now he writes to heal people with broken hearts and hopes and show them the bright side of everything that happens.

His debut book, *Why Not Me? A Feeling of Millions* was the no. 1 National Bestseller in India and his second book,

Hands Down: The Simplest Ways to Move On, was the no. 1 bestseller on Kindle India.

He is based in Noida, Uttar Pradesh.

To know more about Anubhav and his writing, visit:

www.anubhavagrawal.com

instagram: @iwritewhatyoufeel

facebook.com/iwritewhatyoufeel

youtube.com/anubhavagrawal

30 Years *of*

HarperCollins *Publishers* India

At HarperCollins, we believe in telling the best stories and finding the widest possible readership for our books in every format possible. We started publishing 30 years ago; a great deal has changed since then, but what has remained constant is the passion with which our authors write their books, the love with which readers receive them, and the sheer joy and excitement that we as publishers feel in being a part of the publishing process.

Over the years, we've had the pleasure of publishing some of the finest writing from the subcontinent and around the world, and some of the biggest bestsellers in India's publishing history. Our books and authors have won a phenomenal range of awards, and we ourselves have been named Publisher of the Year the greatest number of times. But nothing has meant more to us than the fact that millions of people have read the books we published, and somewhere, a book of ours might have made a difference.

As we step into our fourth decade, we go back to that one word – a word which has been a driving force for us all these years.

Read.